교회는 지금 공사 중

교회는 지금 공사 중

지은이 최명일
펴낸이 안용백
펴낸곳 (주)넥서스

초판 1쇄 인쇄 2011년 9월 25일
초판 1쇄 발행 2011년 9월 30일

출판신고 1992년 4월 3일 제311-2002-2호
121-840 서울시 마포구 서교동 394-2
Tel (02)330-5500 Fax (02)330-5555
ISBN 978-89-5797-843-6 03230

www.nexusbook.com
넥서스CROSS는 (주)넥서스의 기독 브랜드입니다.

교회가 교회다워지기 위해

The Church Now Construction

최명일 지음

교회는 지금 공사 중

넥서스CROSS

2권_ 교회는 지금 공사 중

세번째 이야기

비전의 교회

비전
교회공동체

사람은 밥만 먹고 사는 존재가 아닙니다. 사람은 꿈을 먹고 비전을 먹고 사는 존재입니다. 한 어린아이가 하늘을 바라보고 있었습니다. 아버지가 무엇을 바라보느냐고 묻자 달을 바라본다고 말했습니다. 왜 그렇게 달을 바라보느냐고 아버지는 물었습니다. 그는 대답하기를 언젠가 저 달나라에 가보고 싶다고 말했습니다.

한국 아버지 같으면 "이 놈아 정신 나간 소리 하지 마!"라며 꾸중하고 실망시켰을 터인데 그 아버지는 아들을 격려했습니다.

이 어린이가 누군지 아십니까? 30년 후에 달나라를 가게 된 '제임스 어윈'이었습니다. 그는 어려서부터 달나라를 가는 꿈을 꿈으로써 달나라를 갈 수 있었습니다. 사람은 자기가 꿈꾸고 비전을 갖는 것만큼 자기 인생을 살아가게 되어 있습니다. 교회는 성령의 공동체인 동시에 비전 공동체입니다.

번역이 '방자히'로 되었습니다. 여기서 묵시라는 말의 히브리어 원어는 비전을 말합니다. 즉, 비전이 없는 백성은 방자히 행한다는 것입니다. 그래서 NIV 영어성경에는 "Where there is no vision, the people are unrestrained"라고 번역을 했습니다. 여기서 '방자芳姿'는 '제멋대로 행하는 것'을 말합니다. 규모 없이 행동하는 방종의 생활을 말합니다.

말하자면 'self-discipline'이 없는 자유분방한 삶을 살아가는 것을 말합니다. 묵시가 없으면 이렇게 방자히 행동합니다. 살아갑니다. 따라서 행복한교회는 묵시를 가져야 합니다. 비전을 가져야 합니다. 멀리 바라보며 나아가야 합니다. 규모 없이 행동하거나 자유분방한 삶의 모습은 버려야 합니다. 우리에게 향하신 거룩한 비전을 가지고 나아가는 공동체가 되어야 합니다. 그럼 어떤 비전을 가지고 나아가야 할까요?

참 비전은 무엇인가?

그리스도인이나 불신자나 비전이란 말을 자주 사용합니다. 그러나 참 비전이 무엇인가를 잘 이해하지 못하고 사용할 때가 많습니다. 비전을 쉽게 설명하면 눈으로 볼 수 없는 것을 마음으

세번째 이야기, **비전의 교회**

로 읽고 보는 통찰력 내지 상상력을 말하는 것입니다.

사람들은 장래성이 있는 사람을 보고 "저 사람은 비전이 있는 사람"이라고 말합니다. 무엇인가 분명한 목적의식이 있는 사람을 뜻합니다. 그리고 그 포부를 이루기 위해 미래를 향해 자기 자신을 가꾸며 준비하며 새로워지는 사람을 뜻합니다.

사람들은 흔히 '아메리칸 드림'을 이야기합니다. 미국은 기회의 나라입니다. 이 땅에 와서 열심히 일해서 자신의 꿈을 이루는 성공을 흔히 그렇게 말합니다. 그러나 성경이 말하는 비전은 '아메리칸 드림'과는 좀 다릅니다. 자신의 어떤 꿈이 아니라 하나님이 나를 통해 이루시기를 원하는 꿈을 말하는 것입니다.

아메리칸 드림은 자칫하면 망상이 되기 쉽습니다. 꿈에는 두 가지 꿈이 있습니다. 참된 꿈이 있습니다. 그리고 다른 하나는 day dream, 즉 망상입니다. 아메리칸 드림은 하나의 야망이 되기 쉽습니다. 야망은 비전과 비슷하면서도 좀 다릅니다.

그것은 자신의 욕망에서 생기는 것을 말합니다. 그러나 비전은 그러한 욕망에서 나오기보다는 오늘의 현실과 이기심을 뛰어 넘어 하나님이 참으로 나를 통해 이루시기를 원하시는 계획과 바람을 의미합니다.

오늘날 문제가 되는 것은 많은 크리스천들이 인간적인 야망(망상)과 진정한 크리스천의 비전을 혼동하고 있다는 점입니다. 다시 말해서 망상과 비전을 동일시하고 있다는 사실입니다.

교회 2천년 사를 돌아볼 때 기독교인들이 비전이란 미명 아래 아프리카나 남미로 가서 그들의 땅을 빼앗았습니다. 그리고 정복하며 착

취했습니다. 그들을 노예로 삼았습니다. 그것이 곧 비전을 이루는 삶이라고 착각을 했습니다. 엄청난 죄를 지으면서 야망의 노예로 살아가는 것을 가지고 비전을 이루는 삶으로 오해하고 착각했습니다. ‘착각은 자유’라는 말도 있습니다.

어느 여학교에서 선생님이 ‘나르시시즘’이라는 단어를 설명하고 있었습니다. 선생님은 학생들에게 ‘나르시시즘’이란 단어는 본래 희랍신화에 나오는 이야기입니다. 어떤 십대 소년이 숲속의 아름다운 호수에 비친 너무 아름답고 사랑스러운 자기 얼굴에 반해서 침식을 잊고 계속 들여다보다가 그만 물에 빠져 수선화가 되었다는 전설을 들려주었습니다.

그래서 소위 자기를 너무 사랑하는 병 또는 자애 병에 걸린 사람을 나르시시즘이라고 말했습니다. 그러자 한 여학생이 “선생님 제가 아무래도 그 병에 걸린 모양이에요”라고 말했습니다. 선생님이 “왜 그러니?” 묻자 그 학생은 “저는 아침에 거울을 보면 거울에 비친 제 모습이 너무너무 아름다워서 거울을 떠날 수가 없거든요”라고 말했습니다. 그러자 선생님은 “얘야, 그것은 자애 병이 아니라 착각이라는 병이다”라고 말했습니다. 오늘날 자기 착각에 빠져 있는 사람들이 너무 많습니다.

여러분! 비전이 없으면 백성이 방자하게 행한다는 말씀이 무엇을 말합니까? 망상을 쫓으면 패가망신을 하게 된다는 뜻도 됩니다. 강원랜드에 가서 도박을 해서 일약 부자가 되리라고 생각하는 것이 망상입니다. 야망의 노예가 되면 자신도 망하고 남도 망하게 합니다.

그 점에서 우리는 참된 비전을 가져야 합니다. 우리는 우리가 가진 비전이 망상이 아니고 참으로 하나님 보시기에 아름답고 옳은 비전인가를 물어보고 살펴보아야 합니다. 그렇다면 어떻게 우리는 참된 비전을 가질 수 있습니까?

하나님의 비전을 찾자

우리는 하나님을 우상화할 때가 있습니다. 하나님을 하나님 방법대로 섬기지 못합니다. 하나님을 하나님으로 예배하지 못합니다. 오히려 자기 방법대로 섬기려고 할 때 하나님을 우상화하게 됩니다. 하나님의 이름을 빌려 자기 욕심을 성취하려고 할 때 그것이 곧 하나님을 우상화하는 것입니다. 그것이 망상이 되는 것입니다.

그러므로 우리는 하나님이 나를 통해 이루시기를 원하시는 꿈이 무엇인가? 즉, 하나님의 비전이 무엇인가를 물어보아야 합니다. 그 하나님의 비전을 나의 비전으로 삼아야 합니다. 우리의 비전은 곧 예수 그리스도이십니다. 그의 십자가와 부활을 통해 참 비전을 보여주셨습니다. 주님을 나의 비전으로 삼을 때 우리는 나의 욕망의 노예가 되지 않습니다. 버릴 것을 버리게 됩니다. 그리고 취할 것을 취하게 됩니다. 이렇게 바른 삶의 목적과 목표를 설정하게 됩니다.

비전은 마치 북극성과 같습니다. 우리 삶의 나갈 방향을 보여주는 것입니다. 그러므로 비전이 없으면 그 삶은 방황하게 됩니다. 방자하게 됩니다.

1924년 영국의 학교 교장이요 사교계의 명사인 'George Leigh Mallory'는 아직 누구도 정복해보지 못한 에베레스트산 정상을 오르기로 결심했습니다. 어느 기자가 맬러리에게 어렵고 위험한 산에 오르는 이유나 목적이 무엇이냐고 묻자 그는 "산이 있으니까"라고 대답했습니다. 그해 6월 8일 세 자녀를 둔 38세의 맬러리는 동료 '앤드류 어바인'과 함께 등정하는 뒷모습을 마지막으로 남기고 다시 세상에 돌아오지 못했습니다. 75년이 지난 1999년 미국의 등산 팀에 의해 산비탈에서 그의 시체가 완벽하게 보존된 것을 발견했습니다. 그는 분명한 목표나 비전 없이 산을 정복하려는 야망 때문에 자신의 목숨을 잃었습니다.

우리가 비전을 이루기 위해 자신의 목숨까지 바치는 것과 눈앞에 어떤 것이 보이고 기회가 주어졌다고 무조건 불필요한 모험을 하는 것과는 차원이 전혀 다른 것입니다. 당장 눈앞에 가로 놓여 있는 장애물을 제거하고 정복하기에 급급한 사람들은 왜 그 일을 하는지 깊이 생각하지 못하고 행동으로 옮겨 놓습니다. 그 일이 자기 자신과 공동체에 가져올 장기적인 결과나 대안을 고려할 줄 모릅니다.

그들은 신중한 대응보다 즉흥적인 반응을 보입니다. 가만히 있는 것보다 앞으로 나가는 것이 낫다고 생각합니다. 이러한 충동적인 행동을 성경은 "비전이 없으면 사람이 방자히 행하게 된다"고 말하고 있는 것입니다.

세상에는 남의 비전을 빌려오는 사람들이 있습니다. 말하자면 다른 사람을 흉내 내는 것입니다. 다른 사람이 성공한 것을 보고 나도 그

세번째 이야기, 비전의 교회

것을 흉내 냅니다. 그러나 그때 성공할 확률이 적습니다.

'루터 킹'은 장기적이고 창의적인 문제해결의 사고를 거부하는 것을 이렇게 묘사했습니다. "너나 할 것 없이 손쉬운 답과 섣부른 해결책을 찾고 있습니다. 그들에게는 생각하는 것이 최고의 고통입니다."

교회 성장도 마찬가지입니다. 다른 교회 프로그램을 흉내 낸다고 되는 것이 아닙니다. 성경에서 보여주는 원리를 우리의 상황에서 독창적으로 계발해야 하는 것입니다. 남의 것을 모방하는 것은 일종의 허영심입니다.

'제임스 콜린스'와 '제리 포라스'는《성공하는 기업들의 8가지 습관》이라는 책을 썼습니다. 그들은 높은 공격적 목표에 대해 이야기합니다. 사람들은 크고 높은 목표를 이루기 위해 무리하게 힘을 합하며 죽기까지 힘을 다함으로 대단한 결과를 가져옵니다. 많은 회시들이 이런 목표를 받아들일 때 어느 정도 좋은 결과를 가져오는 것이 사실입니다.

많은 그리스도인 리더들도 공격적 목표를 내세웁니다. "우리는 하나님을 위해 큰 꿈을 꾸어야 한다"고 말을 합니다. "우리가 섬기는 능하시고 위대한 하나님께 어울리는 큰 꿈과 목표를 세워야 한다"고 설교합니다. 많은 성도들이 가슴 벅차하며 듣는 순간 아멘으로 화답합니다.

그러나 과연 그것이 성경적인가? 하나님이 정말 우리를 통해 이루어 가시기를 원하시는 비전인가를 물어볼 때 그렇지 않을 때가 많습니다. 그것은 하나님의 이름을 빌려 포장한 자기 자신의 야망일 때가 있습니다.

우리는 종종 강단에서 하나님의 말씀이 아니라 자기의 지식과 철학을 설교하는 것을 들을 때가 많습니다. 많은 기독교 강단에서 인본주의적인, 요새 말하는 'new age' 운동을 하고 있는 사람들의 메시지를 자기도 모르게 전하고 있는 것을 볼 때가 많습니다.

하나님은 이렇게 경고하십니다.

"이는 내 생각이 너희의 생각과 다르며 내 길은 너희의 길과 다름이니라 여호와의 말씀이니라 이는 하늘이 땅보다 높은 같이 내 길은 너희의 길보다 높으며 내 생각은 너희의 생각보다 높음이니라" (사 55:8~9)

메시지는 분명합니다. 아무리 한때 많은 사람들이 따르고 성공하는 것 같아도 그것은 오래 가지 못합니다. 그것을 통해 하나님 나라는 세워지지 않습니다. 역사적으로 보면 굉장한 것 같아도 다 무너졌습니다. 이것을 알아야 합니다.

그러므로 일시적으로 사람들이 모여든다고 거기에 현혹되지 말아야 합니다. 참 복음이 있다면 하나님 방법이 비효율적이고 힘든 것 같아도 그것이 승리합니다. 열매가 있습니다. 가짜는 오래 가지 못합니다. 사람들이 곧 싫증을 냅니다.

사랑하는 행복한교회 성도 여러분!

우리는 하나님의 비전을 찾아야 합니다. 하나님께서 행복한교회에

세번째 이야기, 비전의 교회

게 향하신 거룩한 비전이 무엇인가 알아야 합니다. 찾아야 합니다. 깨달아야 합니다. 그리고 우리에게 향하신 거룩한 목적이 무엇인지 알아야 합니다. 나에게 주어진 비전이 무엇인가 알아야 합니다. 헛된 망상에서 벗어나야 합니다. 헛된 꿈에서 벗어나야 합니다.

참된 비전은 하나님께로부터 나오는 것입니다. 하나님의 생각과 우리의 생각이 다릅니다. 하나님의 길과 우리의 길이 다를 수 있습니다. 하나님의 뜻과 우리들의 뜻이 다를 수 있습니다. 그러기에 우리는 하나님의 비전과 목적과 뜻을 알아야 합니다. 그 비전대로 살아갈 때 승리하게 되는 것입니다. 교회가 교회다워지는 것입니다. 마침내 행복한교회는 하나님께서 우리에게 향하신 거룩한 비전을 깨달아 그 비전을 향하여 나아가는 공동체가 되기를 바랍니다.

비전은 하나님의 계시로부터

잠언서 29장 18절을 어떤 성경에는 "계시가 없으면 백성이 망한다"로 번역을 했습니다. 이 점에서 세상적인 비전과 크리스천의 비전이 다르다는 것을 알아야 합니다. 세상 비전은 사람들이 만들어낸 것입니다. 그러나 크리스천의 비전은 하나님의 계시에 근거하는 것입니다.

사람은 자기 한계를 느낄 때 더욱 하나님께 의지하게 됩니다. 하나님은 종종 고난과 역경을 통해 또는 실패와 실수를 통해 우리를 더욱 바른 길로 인도하십니다. 평안한 자리에서보다 막다른 골목에서 오히려 우리에게 나갈 비전을 보여주십니다.

"하나님이 말씀하시기를 말세에 내가 내 영을 모든 육체에게 부어 주리니 너희의 자녀들은 예언할 것이요 너희의 젊은이들은 환상(비전)을 보고 너희의 늙은이들은 꿈을 꾸리라" (행 2:17)

하나님은 아브라함이 100세가 되어 소망이 완전히 끊어졌을 때 비전을 보여주셨습니다. 그의 후손이 하늘의 별과 같이 될 약속입니다. 그의 후손이 땅의 티끌처럼 편만할 것입니다. 그를 통해 모든 족속이 복을 받으리라는 하나님의 약속이었습니다. 이 놀라운 비전과 축복의 약속을 받았지만 그는 불안했습니다. 그는 인간적인 방법과 세상적인 방법으로 그 약속을 성취해 보려고 하갈을 통해 이스마엘을 낳았습니다. 그리고 이스마엘을 통해 그 꿈을 이루려는 유혹을 받았습니다. 그것이 그로 하여금 오히려 실패하고 어려움을 당하게 된 이유였습니다. 우리도 이 유혹을 물리쳐야 합니다. 오래 참고 기다려야 합니다. 하나님의 약속을 믿고 소망 중에 기다려야 합니다.

참된 비전만큼 힘 있는 것이 없습니다. 링컨 기념관 계단의 25만 군중 앞에서 "나는 꿈이 있다"고 외친 마틴 루터 킹의 연설은 청중에게 큰 충격을 주었고 곧 나라를 뒤흔들었습니다. 가장 중요한 것은 리더가 하나님께 받은 비전을 어떻게 회중에게 전해서 공유하게 하느냐 하는 문제입니다. 하나님이 그들에게도 그 비전을 보여주도록 기도해야 합니다. 자기가 받은 비전에 참여하라고 다그치고 강요하기보다 성령님이 그 비전을 온 성도가 공유하도록 기도하고 도움을 구해야 합니다. 그 비전을 겸손히 나누어야 합니다. 그 나눔과 증거를 통해 다른 사람도 같은 비전을 보고 체험할 수 있도록 해야 합니다. 간접적으로 듣는 것이 아닙니다. 직접 듣게 해야 합니다. 예수님도 아버지의 계시를 제자들에게 나누어주었습니다.

내가 들은 하나님의 음성이나 환상을 다른 사람에게 전하고 확신시키기가 쉽지 않을 때가 많습니다. 그러나 그들이 직접 하나님의 음성을 듣고 환상을 보면 이야기가 달라집니다. 목숨 걸고 그 일을 수행합니다. 하나님과 사랑의 관계가 깊어지면 누구나 하나님의 음성을 직접 듣고 그분이 나를 통해 이루어 가시기를 원하는 비전을 보여주시는 것입니다.

하나님을 통해 지기기 해야 할 비전을 바라보았을 때 사람들은 흔쾌히 자기 삶을 조정하고 헌신하게 됩니다. 시간과 물질을 하나님 나라를 위해 바치게 되는 것입니다. 지금도 살아 역사하시는 하나님을 체험하게 될 때 기꺼이 헌신하고 희생하게 됩니다. 잘나가는 직업을 포기하고 선교지로 떠납니다. 생활이 보장된 교수직이나 의사직 등 전문직을 포기하고 가난하고 고난당하는 사람들과 지내는 것을 더 큰 기쁨과 보람으로 생각하게 되는 것입니다.

사랑하는 행복한교회 성도 여러분!

크리스천의 비전은 하나님의 계시로부터 오는 것입니다. 아브라함이 계획한 생각과 길은 하나님께서 계획한 생각과 길과 달랐습니다.

교회는 지금 공사 중

아브라함은 인간적으로 생각했습니다. 그러나 하나님께서는 멀리 바라보시며 계획하시고 계셨던 것입니다. 아브라함은 다멕섹의 엘리에셀을 자기 호적에 올려 양아들로 삼으려고 했습니다.

그러나 하나님의 그를 향한 비전은 엘리에셀이 아니었습니다. 그러자 아브라함은 몸종 하갈을 통해 이스마엘을 얻자 그를 아들로 삼아 상속자로 삼으려고 했습니다. 그러자 하나님께서는 아브라함을 찾아가 네 아내 사라를 통해 얻는 아들이 네 상속자가 될 것이라고 약속하셨습니다. 보여주셨습니다. 이것이 하나님의 비전입니다.

이제 우리의 생각과 뜻을 포기하고 하나님께서 나를 향해 말씀하시는 묵시를 들어야 합니다. 음성을 들어야 합니다. 말씀을 들어야 합니다. 왜냐하면 진정한 크리스천의 비전은 하나님의 계시로부터 오는 것이기 때문입니다.

어떻게 우리의 비전을 다른 사람들과 나눌까요?

그렇다면 어떻게 우리의 비전을 다른 사람들과 나눌까요? 우리가 나의 비전을 다른 사람과 나누어 공유하는 것이 중요합니다. 그 비전을 이루어가려면 보다 많은 사람들이 그 비전에 동의하는 것이 중요합니다. 그리고 그 비전을 함께 나누어 갖는 공유가 필요합니다.

'피터 센지'라는 사람은 "수동적 동조가 헌신으로 간주되는 경우가 90%다"라고 말했습니다. 여기서 비전의 공유는 그저 수동적 동조

세번째 이야기, 비전의 교회

를 말하지 않습니다. 그 이상으로 이 비전을 위해 자기의 시간과 물질을 드리고 열정적으로 헌신하려는 결단을 보여주는 것을 말합니다. 참으로 그 비전을 공유할 때만이 사람들은 자기 삶을 흔쾌히 조절하게 되는 것입니다.

그럼 우리가 어떻게 비전을 공유하기 위해 다른 사람들과 나의 비전을 나눌 수 있는 것인가? 사람들에게 비전을 주입해도 안 되고, 자신의 비전이 하나님께서 왔다고 입증하기 쉽지 않습니다.

그러나 리더는 자신이 보고 경험하고 확신하는 비전을 사람들에게 전달할 수 있습니다. 리더가 비전을 전달하는 효과적인 방법에는 적어도 두 가지가 있습니다. 그것이 무엇입니까? 생생한 비전의 영상을 보여주는 것입니다.

다시 말해서 상징과 이미지를 효과적으로 사용하는 것입니다. '백문百聞이 불여일견不如一見'이라는 말처럼 상징과 이미지는 조직의 가치관과 비전을 전달하는 가장 강력한 도구입니다.

예를 들어 '마하트마 간디'는 상징을 사용하여 사람들을 동원한 대표적 예입니다. 영국의 식민지 생활로부터 해방과 독립을 주장하던 간디는 인도 국민이 스스로 극심한 가난을 딛고 일어설 수 있는 상징물로 물레를 활용하였습니다. 물레로 수제품을 만들어 경제적으로 자립하는 동시에 영국산 제품을 보이콧하는 운동을 벌였습니다.

'윈스턴 처칠'도 상징을 사용할 줄 알았습니다. 영국이 가장 황량하던 시절이었습니다. 그러나 결의에 찬 처칠이 들어 올린 승리의 V자는 사기가 저하된 나라를 일으켜 세우는 재단합의 상징이 되었습니

교회는 지금 공사 중

다. 이것은 제2차 세계대전을 통해 가장 강렬한 이미지였습니다.

사랑하는 행복한교회 성도 여러분!

비전을 실현해가기 위해 구체적으로 목표를 세워 실천해가야 합니다. 예를 들어 1,000명의 평신도 소그룹 리더가 이 교회를 섬기고 양육해가는 비전을 세웠다면 그것을 이루기 위해 연차 계획을 세워 구체적으로 실천해가야 합니다. 목표를 세울 때 많은 도움이 됩니다. 목표는 방향 및 목적 감각을 제시해줍니다. 목표는 현재에 활력소를 불어 넣어줍니다. 목표는 조직에 열심과 강한 생명력을 불어 넣어줍니다. 목표는 보다 효과적으로 운영할 수 있게 도와줍니다. 목표는 계획을 미리 수립하게 합니다. 목표는 조직체 안에서 의사소통을 돕습니다. 목표는 사람들로 하여금 무엇이 기대되는가를 확실히 이해하게 합니다. 목표는 쓸데없는 갈등과 이중 노력을 덜어줍니다.

그러나 목표 설정 시에 유의할 것은 막연하게 추상적으로 세우면 안 됩니다. 그래서 영어로는 Smart하게 세우라는 말이 있습니다.

1. Specific(구체적) - 목표는 구체적으로 세워야 합니다

막연하게 주님께 영광을 돌리기 원한다면 비전 성취를 위해 큰 도움이 못 됩니다. 구체적으로 표현해야 합니다.

2. Measurable(측정 가능한) 목표를 세워야 합니다

목표를 성취하기 위한 내용과 time schedule까지 언급되는 것이

좋습니다. 예를 들면 2020년까지는 3,000명의 성도들이 역동적인 예배를 드리고 소그룹 사역을 위해 1,000명의 평신도 지도자를 훈련한다든가 하는 구체적이고 측정 가능한 목표를 세우는 것이 도움이 되는 것입니다.

3. Attainable(도달 가능한) 목표를 세워야 합니다

터무니없이 불가능한 목표를 세워서도 안 됩니다. 그렇다고 너무 비전 없이 목표를 세워도 안 되는 것입니다. 그러므로 믿음 안에서 가능하다고 확신되는 목표를 세워야 합니다.

4. Realistic(현실적인) 목표를 세워야 합니다

어떤 대학생이 "나는 내년에 이 학교의 총장이 되겠다"라고 하면 현실성이 없는 것입니다. 그러나 20~30년 후에 내가 이 학교의 총장이 되겠다고 목표를 세웠다면 그것은 그 목표를 이루기 위한 중간 목표를 세우고 성취해감으로 그 목표를 이룰 수 있는 현실성이 있는 것입니다.

5. Tangible(확실하고 손에 잡히는) 목표를 세워야 합니다

"나는 성령 충만한 사람이 되겠다" 혹은 "성령 충만을 받고 싶다"라고 말하는 것은 막연한 측정 불가능한 목표입니다. 그러나 성령 충만한 삶을 위해 매일 30분간 말씀 묵상하고 새벽기도회를 통해 영성 훈련을 쌓겠다는 것은 구체적인 목표가 되는 것입니다.

이렇게 자신의 비전을 이루기 위해 구체적인 목표를 세우고 하나하나 실천에 옮겨 나갈 때 그 꿈과 비전을 이룰 수 있는 것입니다. 행복한교회는 비전 공동체로서 요셉이나 모세, 다니엘, 에스더처럼 한국 사회에서 리더십을 발휘하고 영향을 미칠 수 있는 그러한 인물을 많이 길러 내야 합니다.

그래서 신뢰도가 떨어진 한국교회를 다시 한 번 회복시키며 세워 나가야 합니다. 이 시대를 주도해나가야 합니다. 이 시대를 다시 한 번 리드해나가야 합니다.

사랑하는 행복한교회 성도 여러분!

우리에게 향하신 거룩한 비전을 가지고 나아가는 공동체가 되어야 합니다. 여러분! 비전이 없으면 백성이 방자하게 행한다는 말씀이 무엇을 말합니까? 망상을 쫓으면 패가망신을 하게 된다는 뜻입니다. 도박을 해서 일약 부자가 되리라고 생각하는 것이 망상입니다. 야망의 노예가 되면 자신도 망하고 남도 망하게 합니다.

그 점에서 우리는 참된 비전을 가져야 합니다. 우리는 우리가 가진 비전이 망상이 아니고 참으로 하나님 보시기에 아름답고 옳은 비전인가를 물어보고 살펴보아야 합니다.

그렇다면 우리는 어떻게 참된 비전을 가질 수 있습니까? 우리는 하나님의 비전을 찾아야 합니다. 하나님께서 행복한교회에게 향하신 거룩한 비전이 무엇인가 알아야 합니다. 찾아야 합니다. 깨달아야 합니다. 그리고 우리에게 향하신 거룩한 목적이 무엇인지 알아야 합니다.

나에게 주어진 비전이 무엇인가 알아야 합니다. 헛된 망상에서 벗어나야 합니다. 헛된 꿈에서 벗어나야 합니다.

참된 비전은 하나님께로부터 나오는 것입니다. 하나님의 생각과 우리의 생각이 다릅니다. 하나님의 길과 우리의 길이 다를 수 있습니다. 하나님의 뜻과 우리들의 뜻이 다를 수 있습니다.

그러기에 우리는 하나님의 비전과 목적과 뜻을 알아야 합니다. 그 비전대로 살아갈 때 승리하게 되는 것입니다. 교회가 교회다워지는 것입니다. 마침내 행복한교회는 하나님께서 우리에게 향하신 거룩한 비전을 깨달아 그 비전을 향하여 나아가는 공동체가 되어야 합니다.

그리고 크리스천의 비전은 하나님의 계시로부터 오는 것입니다. 아브라함이 계획한 생각과 길은 하나님께서 계획한 생각과 길과 달랐습니다. 아브라함은 인간적으로 생각했습니다. 그러나 하나님께서는 멀리 바라보시며 계획하시고 계셨던 것입니다. 이것이 하나님의 비전입니다.

이제 우리의 생각과 뜻을 포기하고 하나님께서 나를 향해 말씀하시는 묵시를 들어야 합니다. 음성을 들어야 합니다. 말씀을 들어야 합니다. 왜냐하면 진정한 크리스천의 비전은 하나님의 계시로부터 오는 것이기 때문입니다.

그리고 이렇게 자신의 비전을 이루기 위해 구체적인 목표를 세우고 하나하나 실천에 옮겨 나갈 때 그 꿈과 비전을 이룰 수 있는 것입니다. 행복한교회는 비전 공동체로서 요셉이나 모세, 다니엘, 에스더처럼 한국 사회에서 리더십을 발휘하고 영향을 미칠 수 있는 그러한 인물을 많이 길러 내야 합니다. 그래서 신뢰도가 떨어진 한국교회를 다시 한 번 회복시키며 세워나가야 합니다. 이 시대를 주도해나가야 합니다. 이 시대를 다시 한 번 리드해나가야 합니다.

세번째 이야기, **비전의 교회**

목적이 이끄는
교회

현재 미국에서 가장 영향력 있는 목회자로 손꼽히는 미국 새들백교회의 '릭 워렌' 목사가 있습니다. 그는 '포스트 빌리 그레이엄', 다시 말해서 '빌리 그레이엄' 목사 이후의 세계적인 기독교 지도자로 평가받고 있는 분입니다.

전 '조지 부시' 미국 대통령조차 그를 만나기 위해 시간을 할애했다는 뉴스도 있었습니다. 릭 워렌 목사가 쓴 책이 전 세계에서 2,000여만 권이 팔린 초대형 베스트셀러가 바로 《목적이 이끄는 삶Purpse driven life》입니다. 여러분도 많이 읽으셨을 것입니다.

나는 어쩌다가 우연히 이 세상에 태어난 존재가 아니라는 것입니다. 창조주 하나님의 분명한 계획에 의해 지음 받은 아주 존귀한 자라는 것입니다. 우리 각자에게는 하나님의 분명한 목적이 있다는 것입니다. 이것이 《목적이 이끄는 삶》의 핵심 내용입니다.

여기서 '이끈다'는 말이 대단히 중요합니다. 인생을 하나의 수레에 비교할 때 이 수레를 무엇이 끌고 가느냐 하는 것입니다. 여러분의 인생은 지금 무엇에 이끌려 살고 있습니까? 남은 생애는 하나님의 목적에 이끌려 사는 여러분 인생이 되기를 바랍니다.

그의 메시지 중에 이런 말씀이 있었습니다. "교회가 얼마나 큰지는 중요하지 않습니다. 얼마나 건강하냐가 중요한 것입니다. 또한 교회의 목적을 알고 교회가 목적을 회복하면 반드시 교회는 성장하게 마련입니다. 그 목적을 균형 있게 추구하는 교회가 건강한 교회입니다." 교회 또한 '목적이 이끄는 교회'가 되어야 함을 강조했습니다.

그렇다면 교회의 목적이란 무엇입니까? 그것은 예수님께서 이 땅에 교회를 세우신 의도와 일치합니다. 예수님은 이 땅에 자신의 교회를 세울 것을 설계하셨습니다.

이 교회를 통해서 자신이 이루신 구원사역을 지속하시기를 원하셨습니다. 예수님은 십자가에서 피 흘려 그 피 값으로 교회를 세우셨습니다. 예수님의 계획과 설계대로 시공한 첫 교회가 바로 초대교회입니다. 사도행전의 교회입니다. 이 교회가 모든 교회의 모태입니다. 이 교회가 모든 교회의 모델입니다. 초대교회야말로 온전히 목적이 이끄는 교회였습니다.

그런데 오늘의 교회는 어떻습니까? 목적을 잃고 표류하는 교회가 많습니다. 목적이 이끄는 교회가 아닙니다. 다른 것들이 교회를 이끌고 있습니다. 어떤 교회는 전통이 이끌고 갑니다. 또한 인물에 의해 움직이는 교회가 있습니다. 재정에 의해 움직이는 교회가 있습니다. 건물에 의해 움직이는 교회가 있습니다. 프로그램에 의해 움직이는 교회가 있습니다. 행사에 의해 움직이는 교회 등이 있습니다.

우리 행복한교회는 과연 무엇이 이끌고 있습니까? 오늘 말씀을 통해서 행복한교회를 진단해볼 수 있기를 바랍니다. 그리고 목적이 이끄는 교회가 되었으면 좋겠습니다. 그리고 건강하고 영향력 있는 교회로 주님께 귀하게 쓰임 받는 교회가 되기를 바랍니다.

은혜로운 예배를 드리는 교회

목적이 이끄는 교회란 은혜로운 예배를 드리는 교회입니다. 창조주 하나님은 피조물인 인간을 통해서 예배와 찬양을 받으시기를 기뻐하십니다. '예배禮拜'란 피조물인 인간이 창조주이신 하나님께 찬양과 경배를 드리는 영적 의식입니다. 하나님은 예배를 통하여 높임을 받으시기를 기뻐하십니다.

"이르시기를 너희는 가만히 있어 내가 하나님 됨을 알지어다 내가 뭇 나라 중에서 높임을 받으리라 내가 세계 중에서 높임을 받으리라 하시도다" (시 46:10)

교회는 지금 공사 중

하나님은 예배를 통해서 창조주의 영광을 회복하기를 원하십니다. 예배의 회복은 하나님의 영광의 회복입니다. 예배가 살아 있는 교회가 건강한 교회입니다. 성령의 기름 부으심이 있는 예배가 되어야 합니다. 생명력 있는 말씀이 선포되는 교회가 되어야 합니다. 열정적 찬양이 넘쳐나는 예배를 회복해야 합니다. 신령과 진정으로 예배하는 자들이 차고 넘쳐야 합니다.

(요 4:23)

 (요 4:24)

우리는 반드시 예배에 성공해야 합니다. 성공하는 예배란 성령의 임재를 경험하는 예배입니다. 아벨의 제사처럼 하나님께 열납되는 예배입니다. 예수 그리스도의 구속의 피 묻은 예배입니다. 이런 예배를 드려야 하늘 문이 열립니다. 이런 예배를 드려야 하나님의 은혜가 임할 줄 믿습니다. 여러분은 예배의 성공자가 되십시오. 예배에 성공하면 인생에도 성공합니다.

실패하는 예배도 있습니다. 하나님이 받지 않으신 가인의 제사입니다. 형식적인 예배입니다. 외식적인 예배입니다. 의식적인 예배입니다.

우리는 하나님이 받으시는 예배가 되기 위하여 예배에 집중해야 합니다. 충분히 기도해야 합니다. 그리고 성령의 임재를 구해야 합니다. 예배 인도자들과 예배위원들을 위해서도 기도해야 합니다. 특히 찬양대를 위하여 기도해야 합니다. 예배에 있어서 찬양대의 역할이 중요합니다. 찬양대원들은 그 자리가 얼마나 귀한 자리인가를 알고 자리를 지키고 책임을 다해야 합니다.

예배시간에 지각하지 말아야 합니다. 지각하는 예배는 실패한 예배입니다. 그런 사람은 여호와의 이름에 합당한 영광을 돌리고자 하는 마음이 없는 사람입니다. 교회에 와 있으면서도 예배에 늦는 사람이 있습니다.

하나님은 일보다 먼저 주님의 얼굴을 사모하는 자를 기뻐하십니다. 예배를 귀히 여기는 것은 하나님을 귀히 어기는 것과 같습니다. 10분 전 참석을 전교인이 실천해야 합니다. 우리는 미리 와서 앞자리부터 앉아 기도로 준비해야 합니다. 예배가 시작되면 문을 닫아도 될 정도가 되어야 합니다. 찬송도 열심히 불러야 합니다. 마음에도 없는 입술로만의 찬송은 외식에 불과한 것입니다. 모든 공식적인 예배에 참석하기를 힘써야 합니다. 그런 사람은 신앙이 잘 자라고 건강한 신앙생활을 합니다.

사랑하는 행복한교회 성도 여러분!

목적이 이끄는 교회는 은혜로운 예배를 드리는 교회입니다. 예배를 사모해야 합니다. 예배를 갈망해야 합니다. 우리는 반드시 예배에 성공해야 합니다. 성공하는 예배란 성령의 임재를 경험하는 예배입니다. 하나님은 예배 가운데 성령으로 임하셔서 기뻐하시고 존귀를 받으시기를 원하십니다. 하나님을 기쁘시게 하고 영화롭게 하는 예배를 드리는 행복한교회가 되기를 소원합니다. 그것이 행복한교회를 세우신 목적이기 때문입니다. 이렇게 예배에 승리하는 성도님들이 되시기를 바랍니다.

친밀한 교제가 있는 교회

또한 목적이 이끄는 교회는 친밀한 교제가 있는 교회입니다. 교회는 친밀한 교제가 있어야 합니다. 우리의 관계는 보통 사이가 아닙니다. 한 피 받아 한 몸 이룬 형제 자매관계입니다.

사랑하는 주님 예수 같은 주로 섬기나니 한 피 받아 한 몸 이룬 형제여 친구들이여

한 몸같이 친밀하고 마음조차 하나 되어 우리 주님 크신 뜻을 지성으로 준행 하세

초대교회에서는 모일 때마다 떡을 떼었습니다. 그 떡이 무엇을 뜻하는지 아십니까? 십자가에서 찢겨진 주님의 살입니다. 그래서 '성찬 聖餐' 입니다. '애찬愛餐'인 것입니다. 그 살과 피를 나눈 형제라고 느끼며 서로 사랑하였던 것입니다. 그러나 그 떡을 뗄 때 어떤 교제가 이루

어졌겠습니까? 그 모습을 보며 하나님이 기뻐하시는 것입니다. 이것이 바로 하나님의 권속입니다.

"그러므로 이제부터 너희는 외인도 아니요 나그네도 아니요 오직 성도들과 동일한 시민이요 하나님의 권속이라" (엡 2:19)

'하나님의 권속'이란 하나님의 가족이라는 말입니다. 우리는 같은 하나님을 아버지로 모시고 예수님을 같은 구주로 믿는 영적인 가족입니다. 우리는 믿음 안에서 한가족입니다. 육신의 가족보다 더 친밀한 가족입니다. 영적인 가족은 영원히 함께합니다.

육신의 가족관계는 나그네 인생길에만 함께합니다. 그 짧은 시간도 끝까지 가지 못하고 이혼으로 갈리지고 죽음이 갈라놓습니다. 그러나 우리의 영적 가족은 영원한 본향 천국에서 영원히 함께할 것입니다.

이제 우리는 영적인 가족으로서 기쁨을 나누어야 합니다. 그것이 바로 성도의 교제입니다. 성도의 사귐입니다. 성도의 교제를 통해서 이 땅에서 천국의 기쁨을 맛보는 것입니다. 초대교회에서 이런 교제가 이루어졌습니다.

사도행전 2장 44~46절을 보십시오.

"믿는 사람이 다 함께 있어 모든 물건을 서로 통용하고 또 재산과 소유를 팔아 각 사람의 필요를 따라 나눠주며 날마다 마음을 같이하여 성전에 모

진짜 한가족처럼 살았습니다. 그들은 매일 모였습니다. 얼마나 재미있고 신나면 매일 모였겠습니까? 하루를 못 봐도 보고 싶은 것입니다. 이것이 성도의 사귐입니다. 이것이 성도들의 나눔입니다. 이것이 공동체의 삶입니다. 행복한교회가 이런 교회가 되어야 합니다.

(옆 사람에게) "집사님, 저 보고 싶지 않으셨어요?"

초대교인들은 재산과 소유를 팔아 어려운 형제의 필요에 따라 나눠주었습니다. 완전한 공동체가 이루어진 것입니다. 이것이 천국입니다. 예수 사랑이 이렇게 되게 했습니다. 우리도 형제의 아픔을 함께 나누어야 합니다.

오늘의 교회야말로 진정한 교제를 회복해야 합니다. 서로 솔직한 감정을 나누고 서로 격려하고 용서해야 합니다. 서로의 약점을 인정해주고 허물을 덮어주고 감싸주어야 합니다. 말을 퍼트리지 않고 비밀을 지켜주어야 합니다. 서로를 섬겨줄 때 자기 존재 가치를 느낍니다. 모두 '사랑 받고 있다'는 느낌을 받아야 합니다. 그러면 교회가 오고 싶습니다. 친밀한 교제 가운데서 위로를 받고 힘을 얻습니다. 행복한교회가 이런 교회되기를 바랍니다.

혹시라도 교제를 깨는 일을 해서는 안 됩니다. 우리는 다 예수 사랑으로 연결되어 그리스도의 몸을 이루고 있습니다. 우리는 다 예수 생명세포로 연결되어 그리스도의 몸을 이루고 있습니다.

 (엡 4:16)

그럼에도 여기에 역행하는 세포가 있다면 그것이 무슨 세포이겠습니까? 바로 암세포입니다. 적혈구를 잡아먹는 반란세포입니다. 이런 교인이 되면 안 됩니다. 그러면 분열이 일어납니다. 갈등하고 싸우는 교회가 되는 것입니다. 사단과 싸우지 않고 제 몸의 지체끼리 싸우는 것입니다. 이것이 암입니다. 예수 생명세포가 강하면 이기지 못합니다.

여러분은 미움이 있는 곳에 사랑을 심는 천사가 되시기를 바랍니다. 여러분은 분열이 있는 곳에 평화를 심는 사랑의 천사가 되기를 바랍니다. 행복한교회는 이름대로 행복한 교회가 되어야 합니다. 행복한교회는 이름대로 하나님의 가족으로서 친밀한 교제가 있는 교회가 되기를 바랍니다.

사랑하는 성도 여러분!

목적이 이끄는 교회는 친밀한 교제가 있는 교회입니다. 교회는 친밀한 교제가 있어야 합니다. 이런 교회를 우리는 꿈꾸며 실천하고 있습니다. 초대 예루살렘교회는 진짜 한가족처럼 살았습니다. 그들은 매일 모였습니다. 얼마나 재미있고 신나면 매일 모였겠습니까? 하루를 못 봐도 보고 싶은 것입니다. 이것이 성도의 사귐입니다. 이것이 성도들의 나눔입니다. 이것이 공동체의 삶입니다. 행복한교회가 이런 교회가 되어야 합니다.

예수의 제자로 훈련하는 교회

그리고 목적이 이끄는 교회는 예수의 제자로 훈련하는 교회입니다. 예수님께서는 공생애 3년 동안에 가장 많은 시간을 12제자를 가르치며 훈련하는 데 쏟으셨습니다.

"예수께서 온 갈릴리에 두루 다니사 그들의 회당에서 가르치시며" (마 4:23)

그 결과 훈련받은 사도들이 훌륭한 제자가 되어 초대교회를 성공적으로 이끌었습니다. 이들이 세계선교의 초석을 놓았습니다. 그리고 예수께서 지상사역을 완수하시고 하늘로 승천하실 때 지상명령을 내리셨습니다.

"그러므로 너희는 가서 모든 민족을 제자로 삼아 아버지와 아들과 성령의 이름으로 세례를 베풀고 내가 너희에게 분부한 모든 것을 가르쳐 지키게 하라" (마 28:19~20)

그동안 주님께서 가르쳐주신 말씀을 다른 사람에게 가르쳐 지키게 하라는 것입니다. 그래서 예수님의 제자를 삼으라는 것입니다. 12사도는 이 분부를 받들어 초대교회에서 열심히 말씀을 가르쳤습니다. 성도들도 사도들의 가르침을 잘 받았습니다.

"그들이 사도의 가르침을 받아 서로 교제하고 떡을 떼며" (행 2:42)

이 말씀사역은 교회를 통해서 지금도 계속되고 있습니다. 행복한 교회도 말씀을 잘 가르쳐 예수의 제자로 삼는 교회가 되어야 합니다. 먼저 우리 자신이 말씀의 가르침을 잘 받아야 합니다. 특히 구역장들이 먼저 가르침을 잘 받아야 합니다. 그리고 그들을 잘 가르쳐야 합니다. 구역원들은 구역장의 가르침을 잘 받아야 합니다. 그래야 예수님의 제자로 성장하게 됩니다. 이것이 교회를 세우신 목적입니다. 적극적으로 참여하십시오. 목표는 어디끼지입니까? 예수님의 제자가 되기까지입니다.

"우리가 다 하나님의 아들을 믿는 것과 아는 일에 하나가 되어 온전한 사람을 이루어 그리스도의 장성한 분량이 충만한 데까지 이르리니" (엡 4:13)

그리고 우리 자녀들을 말씀으로 가르쳐야 합니다. 요즘 큰일입니다. 교회마다 어린이가 줄고 청소년들이 줄고 있습니다. 이들이 하나 둘씩 교회를 떠나고 있습니다. 이런 심각한 현실을 감안할 때 전향적인 자세로 말씀 교육에 임하지 않으면 안 됩니다. 무엇보다도 교사들이 말씀 교육에 열심을 내야 합니다. 교사들은 일선에서 땀 흘리며 열

교회는 지금 공사 중

심히 말씀을 가르쳐야 합니다. 철저히 준비해야 합니다.

행복한교회는 이 목적을 충실히 수행하였나 점검해야 합니다. 본질을 잃은 교회가 아닌가 반성해야 합니다. 목적이 이끄는 행복한 교회는 누가 만들어주는 것이 아닙니다. 주님의 몸을 이루고 있는 지체인 여러분이 앞장서야 합니다. 교회를 통해서 이 일을 충실히 할 때 여러분 자신이 목적이 이끄는 삶을 살게 되는 것입니다.

사랑하는 행복한교회 성도 여러분!

목적이 이끄는 교회는 예수의 제자로 훈련하는 교회입니다. 예수님께서 12제자를 훈련시키셨습니다. 훈련이 있는 교회가 되어야 합니다. 행복한교회는 여러 조직과 훈련 코스가 준비되어 있습니다. 교회에 등록하면 기초반이 준비되어 있습니다. 그리고 제자훈련을 받기 위해 초급반에 들어가서 말씀과 교회 전반에 대한 말씀훈련을 받습니다. 그리고 중급반에 들어가서 교회의 비전을 같이 공유하며 사역의 훈련을 받습니다. 그리고 고급반에 들어가서는 리더로서 자질과 훈련을 받습니다. 그리고 사역에 나아가서는 멘토의 역할을 합니다. 이런 과정 속에서 전도폭발과 중보기도학교를 수료해야 합니다.

그리고 앞으로 교회가 어머니 학교와 아버지 학교를 개설하려고 합니다. 이제 훈련받아야 합니다. 하나님은 준비된 자를 쓰십니다. 그것도 크게 쓰십니다. 아무쪼록 말씀의 훈련을 받아 마침내 존귀한 일꾼이 되는 은혜가 임하시기를 바랍니다.

사랑하는 행복한교회 성도 여러분!

목적이 이끄는 교회는 예수의 제자로 훈련하는 교회입니다. 하나님의 목적과 뜻이 이루어지는 교회가 되어야 합니다. 하나님의 계획하심과 뜻이 이루어지는 교회가 되어야 합니다. 행복한교회를 향하신 그 목적을 이루어 드리는 교회가 되어야 합니다. 세상적 상식으로는 안 됩니다. 세상적 방식으로도 안 됩니다. 세상적 계획으로도 안 됩니다. 하나님이 이끄시는 목적으로 해야 합니다. 말씀이 원하시는 목적대로 살아야 합니다. 그래서 목적이 이끄는 교회를 세울 수 있기를 바랍니다. 주님이 믿고 맡길 수 있는 교회가 되기를 바랍니다. 그리고 건강하고 영향력 있는 교회를 세울 수 있기를 바랍니다. 주님이 믿고 맡길 수 있는 교회가 되기를 바랍니다.

비전을 품고 가는
젊은 교회

이 세상에는 소중한 것들이 많이 있습니다. 그 가운데 하나가 바로 젊음입니다. 젊음은 사람에게만 소중한 것이 아닙니다. 교회도 젊어야 합니다. 젊은 교회가 소망이 있습니다. 젊은 교회에 사람들이 모입니다.

하나님은 비전을 품고 가는 젊은 교회를 들어 쓰십니다. 젊은 교회에 출석하는 성도들의 신앙은 건강합니다. 힘이 있습니다. 역동적입니다. 능동적입니다. 적극적입니다. 그래서 힘이 넘칩니다. 부흥의 원동력이 됩니다.

사람의 육신은 어느 정도 기간이 지나면 노화됩니다. 노화되면 다시 젊어질 수 없습니다. '진시황'이 불로초를 구하기 위해서 아무리 애썼어도 구하지 못했습니다. 그러나 교회는 늘 젊을 수 있습니다. 한때 노화현상을 일으켰던 교회도 다시 젊어질 수 있습니다. 오래된 교회 중에는 '우리가 모 교회'라며 역사와 전통만 자랑할 뿐 일하지 않

세번째 이야기. 비전의 교회

는 교회가 있습니다. 이는 늙은 교회의 모습입니다.

반면에 역사가 오래되었음에도 불구하고 더 힘이 있는 교회도 있습니다. 이렇게 비전을 품고 가는 젊은 교회도 많이 있습니다. 우리 행복한교회는 이 시대에 참으로 필요한 비전을 품고 가는 젊은 교회입니다.

그럼 교회가 어떻게 해야 젊어질 수 있습니까? 즉, 비전을 품고 가는 젊은 교회는 어떤 교회입니까?

젊은이들이 많이 출석

젊은이들이 많이 출석하는 교회가 젊은 교회입니다.

현대 교회의 보편적인 구조는 역삼각형입니다. 어른과 노인은 많은데, 교회학교 아동부나 청소년들이 부족합니다. 어른은 몇 천 명 모여도 아이들은 몇 십, 몇 백 명에 불과합니다. 그런 교회는 지금은 좋지만 미래의 소망이 없습니다. 소망이 있는 교회는 지금은 부족해도 앞으로 나아지는 교회입니다.

그런 면에서 우리 행복한교회는 비전을 품고 가는 젊은 교회입니다. 젊은이들이 많기 때문입니다. 앞으로 큰 소망이 있습니다. 앞으로 더욱 유치부와 유년부와 초등부, 중등부와 고등부, 청년부를 집중 양성해야 합니다. 그들을 사랑해야 합니다. 그리고 그들에게 꿈을 심어 주어야 합니다. 그들에게 투자해야 합니다. 온 힘을 써야 합니다. 자라

나는 꿈나무들이기 때문입니다. 이 시대의 주인공들이기 때문입니다. 장차 행복한교회와 이 시대를 이끌어갈 인재들이기 때문입니다.

사실 요즘 많은 젊은이들이 교회를 떠난다고 합니다. 이를 우려하는 목소리가 높습니다. 그러나 현실적인 이 문제를 잘 돌파해야 합니다. 청년들이 모일 수 있는 교회를 만들어야 합니다. 감사한 것은 우리 행복한교회는 청년들이 많은 편입니다. 청년들이 많다는 것은 탄력이 있는 것입니다. 교회에 소망이 있다는 것을 보여줍니다. 앞으로 젊은이들 양성을 위해 더욱 힘을 쏟아야 합니다. 우리 청년들이나 아이들을 보면 정말 사랑해주십시오. 그들을 보면 꼭 안아주십시오. 칭찬도 많이 해주십시오. 또한 이들을 위해 많이 기도해주시기 바랍니다. 젊은이들이 많은 교회가 비전이 있는 교회입니다. 젊은 교회입니다.

행복한교회 청년들은 비전이 있습니다. 꿈이 있습니다. 매년 해외에 나가 복음과 사랑과 열정을 심고 돌아옵니다. 국내에 어려운 교회를 방문해서 여름성경학교 및 교회 보수 수리를 하고 돌아옵니다. 때로는 농촌활동도 합니다. 이런 젊은이들의 사역 모습을 보면 희망이 있습니다. 가슴이 설렙니다. 이러다가 세계를 가슴에 안고 살아갈 것 같습니다. 교회 젊은이들에게 기대가 됩니다.

사랑하는 행복한교회 성도 여러분!

비전을 품고 가는 젊은 교회는 어떤 교회입니까? 젊은이들이 많이 출석하는 교회가 젊은 교회입니다. 어린아이에서부터 청년에 이르기까지 교회에 출석할 수 있도록 문을 열어주어야 합니다. 개방해주어야 합니다. 언제든지 달려올 수 있도록 모든 제도와 규제를 바꾸어주어야 합니다. 젊은이들이 돌아와서 마음껏 찬양하고 기도하고 말씀을 통해서 하나님을 만날 수 있도록 배려해주어야 합니다. 온 힘을 쏟아주어야 합니다. 왜냐하면 그들이 행복한교회의 장래 모습이기 때문입니다.

생동감 있는 교회

생동감 있는 교회가 젊은 교회입니다.

비전을 품고 가는 젊은 교회는 어떤 교회입니까? 생동감이 있는 교회가 젊은 교회입니다. 젊음의 특징은 힘과 패기입니다. 정열이 있습니다, 생동감이 있습니다. 나이는 젊지만 생동감이 없으면 그는 더 이상 젊은이가 아닙니다.

교회도 마찬가지입니다. 젊은 교회는 짧은 역사를 가진 교회를 말하지 않습니다. 젊은 교회는 연륜을 가진 교회를 말하지 않습니다. 생동감 있는 교회가 젊은 교회입니다. 변화를 두려워하지 않는 교회가 젊은 교회입니다. 젊은 교회는 새로운 도전을 합니다. 하나님이 기뻐하시는 일에 기꺼이 순종합니다.

생동감이 있는 젊은 교회는 기도의 불로 뜨겁습니다. 젊은 교회는 가슴에는 주의 사랑으로 넘쳐서 곳곳에 훈훈한 사랑 실천이 일어납니다. 젊은 교회는 찬양도 뜨겁습니다. 젊은 교회는 선교의 열정도 풍성합니다. 젊은 교회는 교회가 살아 있습니다. 이런 교회가 젊은 교회입

교회는 지금 공사 중

니다. 이런 교회가 하나님이 쓰시기를 기뻐하시는 교회입니다.

교회가 기성화 되면 우선 변화를 싫어합니다. 그저 전통과 의식만 따집니다. 그저 형식만 따집니다. 교회 역사만 따집니다. 움직이는 것보다 그저 있는 그대로 사는 것을 좋아합니다. 의자 하나 옮기는 것조차 회의를 거쳐야 합니다. 이런 교회는 늙은 교회입니다. 전혀 소망이 없습니다. 발전을 기대할 수 없기 때문입니다. 교회는 뜨거워야 합니다. 성령의 능력으로 생동감이 있어야 합니다. 생기발랄해야 합니다. 살아 있기 때문입니다. 힘이 있기 때문입니다.

이렇게 생동감 있는 젊은 교회가 사회를 변화시킬 수 있습니다. 아무리 세속적인 문화가 지배하고 있다 해도 그것에 굴복하지 않는 것입니다. 젊은 교회는 복음으로 변화를 시켜나갑니다.

'찰스 콜슨Charles C0lson'이라는 분이 있습니다. '닉슨' 대통령의 법률 담당 특별보좌관으로서 당시 실세 가운데 실세였습니다. 그 당시 유명했던 '키신저'도 콜슨의 조종을 받을 정도였습니다. 그가 유명한 워터게이트 사건에 휘몰려 7개월간 교도소 생활을 했습니다. 그때 크리스천 정치인들이 콜슨을 도와 전도했습니다. 이때 콜슨은 신앙을 갖게 되었습니다. 점차 신앙이 깊어진 그는 출옥 후에 교도소 선교회를 만들었습니다. 지금도 열심히 활동하고 있습니다.

'콜슨'이 쓴《Born Again》이라는 책이 있습니다. 이는 자기의 신앙을 간증한 것입니다. 우리나라에도 번역되어 베스트셀러가 되었습니다. 그는 이 책에서 이렇게 간증합니다. "나는 매일 세계의 중요한 일들을 다 내 손안에 두고 살았다. 내가 큰일을 하는 것처럼 살아왔다. 하지만 시간이 지난 지금 보니까 제일 중요한 것은 예수 믿고 변화된 것이다. 세계에서 이것보다 더 중요한 사건은 없다”고 말하고 있습니다.

복음으로 변화된 그는 세상을 이겼습니다. 복음으로 변화된 그는 죄를 이겼습니다. 복음으로 변화된 그는 참된 예수의 사람이 되었습니다. 생동감 있는 신앙으로 젊게 살아간 것입니다. 이처럼 교회도 생동감이 있으면 사회를 변화시킬 수 있습니다.

사랑하는 행복한교회 성도 여러분!

비전을 품고 가는 젊은 교회는 어떤 교회입니까? 생동감이 있는 교회가 젊은 교회입니다. 우리 행복한교회는 비전을 품고 가는 젊은 교회입니다. 그러므로 생동감이 넘쳐야 합니다. 모든 분야에서 활기가 넘쳐야 합니다. 열정이 있어야 합니다. 예배에도 열정이 있이야 힙니다. 기도에도 열정이 있어야 합니다. 찬양에도 열정과 뜨거움이 있어야 합니다. 교제에도 열정이 있어야 합니다. 영혼을 사랑함에도 열정이 있어야 합니다. 열심을 품고 주를 섬기는 모든 성도들 되시기 바랍니다. 더욱 생기 있는 교회를 이루어가는 주역이 되시기 바랍니다.

꿈을 가지고 달려가는 교회

꿈을 가지고 달려가는 교회가 젊은 교회입니다.

비전을 품고 가는 젊은 교회는 어떤 교회입니까? 꿈을 가지고 달려가는 교회가 젊은 교회입니다. 젊다는 것은 인생의 어떤 기간이 아니라 마음가짐을 말합니다. 비전이 없이 사는 사람은 스무 살이라도 힘이 없습니다. 의욕이 없습니다. 그러나 60, 70세의 노인이라도 비전을 품고 달려가면 청춘입니다. 우리 행복한교회가 젊은 교회인 것은 이제 36년밖에 안 되었기 때문이 아니라 꿈을 안고 달려가는 교회이기 때문입니다.

우리 행복한교회도 꿈을 가지고 달려가는 젊은 교회가 되어야 합니다. 새 역사를 이루어가겠다는 꿈이 없으면 결코 주의 사역을 감당할 수 없습니다. 그저 되는 대로 주어진 대로만 일을 하고 마는 것입니다.

또한 우리에게 주어진 2020비전 등을 이루어갈 수 없습니다. 이 시대의 모델이 되어야 합니다. 주의 영광을 돌리는 교회를 이루기 위해서는 꿈을 가지고 달리는 성도들이 되어야 합니다. 바울은 "뒤에 있는 것은 잊어버리고 앞에 있는 것을 잡으려고 달려간다"고 했습니다. 바울은 영원한 젊은이입니다.

빌립보서를 기록할 때의 바울은 이미 60대였습니다. 그리고 옥에 갇혀 있었습니다. 그런데 바울은 옥중에서 회고록을 쓰는 것이 아니고 땅 끝까지 선교할 꿈, 서바나 지역 선교(스페인)를 계획하고 있었습니다. 바울은 꿈을 가지고 달렸습니다. 그래서 그에게서는 영원한 젊음을 느낄 수 있는 것입니다.

꿈과 비전을 품은 자는 기적을 창출해낼 수 있습니다.

한 가난한 집의 다락방에서 밤하늘의 별을 보며 동화를 쓰던 젊은이가 있었습니다. 그는 일곱 살 때 구두수선공인 아버지를 잃었습니다. 학교도 제대로 다니지 못했습니다. 그러나 그의 가슴은 꿈과 비전으로 가득 차 있었습니다.

그는 어떤 환경에서도 불행하게 여기지 않았습니다. 그는 어린이들에게 '꿈과 세상의 아름다움'을 들려주겠다는 비전을 가지고 글을 썼습니다. 그가 바로 세계적인 동화 작가 '안데르센'입니다. 이처럼 꿈과 비전을 가진 사람은 어떤 악천후 속에서도 일어나게 됩니다. 가장 불행한 사람은 꿈을 상실한 사람입니다. 비전이 없이 사는 자입니다.

미국 기독교계의 탁월한 지도자 'John Maxwell'은 성공하는 사람과 실패하는 사람의 차이점을 말합니다. 성공하는 사람들은 '삶의 목적과 비전'이 있습니다. 그들은 자신이 가지고 있는 꿈에 자극을 받아 그 꿈을 달성하기 위해 계속 앞으로 나가는 사람입니다.

그러나 성공하지 못하는 사람들은 현재만 보고 지금만 보는 사람들입니다. 오늘에 의해서민 자극을 받는 사람들입니다. 현실에 급급한 사람들입니다. 그들은 내일을 생각하지 않고 살아갑니다. 오늘 당장 필요한 것에만 심취되어 살아갈 뿐입니다. 오늘만 생각하는 사람들입니다.

성공하는 사람은 그들 자신을 능가하는 꿈을 가진 사람들입니다. 성공하는 사람은 그들 자신을 능가하는 큰 비전이 있습니다. 성공하는 사람은 열심히 일합니다. 성공하는 사람은 열심히 기도합니다. 성공하는 사람은 그 꿈을 향해 앞으로 달려 나갑니다.

하나님은 오늘도 우리가 큰 비전을 갖고 달려 나가는 교회가 되기를 원하십니다. 모세가 의욕을 잃었을 때 하나님이 주신 것은 무엇이었습니까?다시 거대한 비전을 심어준 것입니다.

혹시 무엇 때문에 실망하시고 체념하는 분은 안 계십니까? 오랫동안 침체상태에 빠져 있는 분은 안 계십니까? 지금 이 시간부터 모든 낙담과 퇴보의 자리에서 일어나시기를 바랍니다. 기독교는 일어나는 종교입니다. 죽은 지 나흘 째 되어도 무덤 문을 열고 일어나는 신앙이 필요합니다.

예수님은 오늘도 우리에게 절망과 패배의 자리에서 일어나라고 명령하십니다.

“네 자리를 들고 일어나라”, “네 병상에서 일어나라”, “네 죽음의 절망에서 일어나라” 우리 모두 꿈을 안고 힘차게 일어날 수 있기를 바랍니다. 놀라운 힘이 주어질 것입니다. 성도는 꿈을 품고 살아가야 합니다. 하늘을 바라보며 살아야 합니다. 결코 이 땅만 바라보고 살지 말아야 합니다.

‘윌리엄 페더’의 글입니다. 어떤 사람이 소년 시절에 5달러짜리 지폐를 길에서 주웠습니다. 너무 기분이 좋았습니다. 그때부터 그는 길바닥만 보고 다녔습니다. 일생 동안 길에서 물건을 줍는 데에 전 생애를 소모했습니다. 그가 주운 것을 보면 단추가 29,519개, 머리핀이 54,172개가 되었습니다.

그리고 수천 개의 동전도 길에서 주웠습니다. 이런 것을 줍기 위해 땅만 바라보고 살았기에 그는 일생 동안 푸른 하늘을 보지 못했습니다. 그리고 아름다운 꽃과 자연을 보지 못했다고 합니다. 그는 넝마주이 인생을 산 것입니다. 넝마주이는 꿈이 없습니다. 그래서 불행한 것입니다.

세번째 이야기, 비전의 교회

성경은 말합니다.

"그러므로 너희가 그리스도와 함께 다시 살리심을 받았으면 위의 것을 찾으라 거기는 그리스도께서 하나님 우편에 앉아 계시느니라 위의 것을 생각하고 땅의 것을 생각지 말라" (골 3:1~2)

믿음의 주요, 또 온전케 하시는 이인 예수를 바라보며 살아야 합니다. 이런 성도가 힘 있고 복된 것입니다. 뒤에 있는 것, 지금까지 자기가 한 것에 집착하고 반추하는 것은 노인들의 특징입니다. 앞에 있는 것을 바라보며 푯대를 향해 달려가는 것은 젊음의 특징이고 특권입니다. 앞에 있는 것을 바라보며 푯대를 향해 달려가는 성도 한 분 한 분, 그리고 우리 교회가 되어야겠습니다.

사랑하는 행복한교회 성도 여러분!

젊어지시기 바랍니다. 여기 할머니 할아버지들도 젊어지시기 바랍니다. 행복한교회가 젊은이들이 많이 모이는 젊은 교회가 되기를 바랍니다. 행복한교회가 생기가 넘치는 젊은 교회가 되기 바랍니다. 무엇보다도 꿈을 품고 달려가는 교회가 되어 젊은 교회로 주 앞에 귀하게 쓰임 받는 은혜가 있기를 바랍니다.

청년들이 모일 수 있는 교회를 만들어야 합니다. 감사한 것은 우리 행복한교회는 청년들이 많은 편입니다. 청년들이 많다는 것은 탄력이 있는 것입니다. 교회에 소망이 있다는 것을 보여줍니다. 앞으로 젊은

이들 양성을 위해 더욱 힘을 쏟아야 합니다. 우리 청년들이나 아이들을 보면 정말 사랑해주십시오. 그들을 보면 꼭 안아주십시오. 칭찬도 많이 해주십시오. 또한 이들을 위해 많이 기도해주시기 바랍니다. 젊은이들이 많은 교회가 비전이 있는 교회입니다. 젊은 교회입니다.

우리 행복한교회는 비전을 품고 가는 젊은 교회입니다. 그러므로 생동감이 넘쳐야 합니다. 모든 분야에서 활기가 넘쳐야 합니다. 열정이 있어야 합니다. 예배에도 열정이 있어야 합니다. 기도에도 열정이 있어야 합니다. 찬양에도 열정과 뜨거움이 있어야 합니다. 교제에도 열정이 있어야 합니다. 영혼을 사랑함에도 열정이 있어야 합니다. 열심 품고 주를 섬기는 모든 성도들 되시기 바랍니다. 더욱 생기 있는 교회를 이루어가는 주역이 되시기 바랍니다.

우리 행복한교회도 꿈을 가지고 달려가는 젊은 교회가 되어야 합니다. 새 역사를 이루어가겠다는 꿈이 없으면 결코 주의 사역을 감당할 수 없습니다. 그저 되는 대로 주어진 대로만 일을 하고 마는 것입니다. 또한 우리에게 주어진 2020비전 등을 이루어갈 수 없습니다. 이 시대의 모델이 되어야 합니다. 주의 영광을 돌리는 교회를 이루기 위해서는 꿈을 가지고 달리는 성도들이 되어야 합니다.

삶의 지역을 넓혀가는
교회

"야베스가 이스라엘 하나님께 아뢰어 이르되 주께서 내게 복을 주시려거든 나의 지역을 넓히시고 주의 손으로 나를 도우사 나로 환난을 벗어나 내게 근심이 없게 하옵소서 하였더니 하나님이 그가 구하는 것을 허락하셨더라"(대상 4:10)

고상한 말은 아닙니다만 '밴댕이속'이라는 말이 있습니다. 이 말은 마음이 옹졸하고 이해심이 부족하며 참을성이 없어 잘 삐치고 성격이 급해 화를 잘 내는 사람을 흔히 밴댕이속 같은 사람이라고 합니다. 이런 사람들과 함께 살아가기란 여간 힘들지 않습니다. 예수님을 잘 믿는 사람은 마음이 넓어야 합니다. 이해력이 있어야 합니다. 잘 참을 수 있는 사람이 되어야 합니다. 예수 믿는 사람의 마음이 밴댕이속 같이 옹졸하고 좁아서는 안 됩니다.

심리학자들에 의하면 우리의 마음에는 방이 네 개가 있다고 합니다. 첫째 방은 나만이 아는 '비밀의 방'입니다. 둘째 방은 나에 대해서 너만 아는 '손님의 방'입니다. 셋째 방은 나도 알고 너도 아는 '거실 Living Room'입니다. 넷째 방은 나도 너도 모르고 오직 하나님만이 아는 '지성소'라고 합니다.

교회는 지금 공사 중

비밀의 방이 넓은 사람은 우울증에 걸리기 쉽습니다. 손님의 방이 넓은 사람은 자신을 잘 모르는 어리석은 사람이지만 거실이 넓은 사람은 너와 내가 함께 이해하고 대화하고 협력하는 가장 바람직한 심리의 사람이라고 합니다.

그러나 지성소가 항상 깨끗하고 정결한 사람이 바로 신앙인입니다. 지성소가 넓은 사람인 동시에 모든 사람이 함께 어울릴 수 있는 거실이 넓은 사람이 바람직한 신앙인의 모습입니다.

행복한교회는 삶의 지역과 영역이 넓혀지는 교회가 되기를 바랍니다. 성경구절은 역대상 4장 10절의 말씀입니다. 유다 족속 중 야베스에 관하여 말씀하고 있습니다. 야베스는 여러 형제 중 존귀한 자로서 그 어머니가 "내가 수고로이 낳았다"는 이유로 야베스라는 이름을 주었습니다. 야베스는 기도의 사람이었습니다.

"주께서 내게 복에 복을 더 하사 나의 지역을 넓히시고 주의 손으로 나를 도우사 나를 환난에서 벗어나 근심이 없게 하옵소서"

야베스의 간구가 하나님께 상달되어 그의 지역이 넓어졌습니다. 하나님께서 도우셔서 모든 환난에서 벗어나 형통한 삶을 살게 하셨습니다. 이처럼 우리 행복한교회도 야베스와 같은 은총을 입는 교회가 되기를 원합니다.

그리고 사랑하는 성도 여러분과 가정에도 야베스의 기도가 있어 때마다 일마다 형통한 축복이 임하시기를 간절히 축원합니다. 그럼 삶의 지역이 넓혀지는 교회가 되려면 어떻게 해야 합니까?

큰 꿈을 소유

삶의 지역과 영역이 넓혀지는 교회가 되려면 어떻게 해야 합니까? 그것은 큰 꿈을 소유해야 합니다. 오늘날 인간들이 이룩한 위대한 업적의 거의 대부분은 꿈을 가진 사람들에 의하여 되어 진 것들입니다. 왜냐하면 사람이 가지고 있는 꿈에는 창조적인 능력이 있기 때문입니다.

복된 인생이 되기를 바라십니까? 꿈을 가지고 하루하루를 살아가는 성도들이 되시기 바랍니다. 하나님이 사용하신 사람들을 보면 그들이 다른 사람들보다 지식이나 지위가 월등하게 뛰어난 사람들이 아닙니다.

그럼에도 불구하고 하나님께서 그들을 사용하신 까닭은 다른 사람이 갖고 있지 않은 꿈과 이상이 있었기 때문입니다. 하나님께서는 우리에게 성령을 통하여 꿈을 갖게 하십니다.

교회는 꿈을 주는 공동체입니다. 여러분들이 이 교회에 나올 때마다 비전을 가지시고 환상을 보며 꿈을 얻게 되기를 바랍니다. 성령은 꿈을 주는 영입니다. 그러나 악령은 모든 꿈을 부서버리는 절망의 영입니다. 교회는 젊은이나 나이 많은 분이나 성령 안에서 꿈을 가지게 하며 희망을 주는 곳입니다. 교회는 가난한 사람이나 부자나 성령 안에서 꿈을 가지게 하며 희망을 주는 곳입니다. 교회는 건강한 사람이

나 연약한 사람이나 성령 안에서 꿈을 가지게 하며 희망을 주는 곳입니다. 여러분도 교회에 나와서 꿈을 꾸고 환상을 보며 소망에 넘쳐서 생명력 있는 삶이 되시기를 바랍니다.

사랑하는 행복한교회 성도 여러분!

삶의 지역과 영역이 넓혀지는 교회가 되려면 어떻게 해야 합니까? 그것은 큰 꿈을 소유해야 합니다. 이 시간 여러분의 꿈들을 하나님께 아뢰시기 바랍니다. 하나님께 여러분의 비전을 적어보십시오. 하나님께 여러분의 꿈을 말씀해보십시오. 큰 꿈을 가져야 합니다. 큰 꿈을 품어야 합니다. 그래야 하나님께서 크게 쓰십니다. 큰 꿈의 비전속에 하나님의 계획하심을 심을 것입니다. 그리고 성취해나갈 것입니다. 바로 여러분의 꿈을 통해서 말입니다.

날마다 더하는 은혜

삶의 지역과 영역이 넓혀지는 교회가 되려면 어떻게 해야 합니까? 날마다 더하는 은혜가 임해야 합니다. 고통과 절망, 슬픔과 질병 따위는 날마다 감소되고 줄어들어야 하겠지만 좋은 것들은 날마다 더해야 합니다. 예를 들면 경영하는 회사나 직장이 날마다 확장되고 기력과 건강이 날마다 좋아져가고 국력이 날마다 신장되어 가는 일이 있어야 하겠습니다. 좋은 것은 날마다 더하고 나쁜 것은 날마다 줄어드는 것이 좋은 일입니다.

세번째 이야기, 비전의 교회

초대교회를 보면 날마다 사랑이 더해갔고 믿음이 더해갔으며 그러므로 믿는 자의 수가 날마다 더하게 되었습니다.

성도 간의 교제가 더하고 기도하는 일이 더하여 갔습니다. 교제란 사람과 사람 사이의 영역을 아름답게 넓혀가는 일입니다. 기도는 사람과 하나님 사이의 영역을 복되게 넓혀가는 일입니다. 그러므로 우리의 지역을 넓히기 위해서 날마다 더하는 은혜가 있어야 하겠습니다.

우리가 고백하는 사도신경 후반부에는 '성도가 서로 교통하는 것과'라고 했습니다. 성도 간에 담이 없어야겠습니다. 가족 간에 담이 없어야겠습니다. 우리의 사랑이 식어가지는 않습니까? 형제와 이웃에 대한 관심이 빈약해지지는 않습니까? 사랑이 더하는 곳에 기쁨과 행복이 더하고 관심이 더하는 곳에 보람이 더하여집니다.

행복한교회가 앞으로는 지역선교에 새로운 관심을 가지고 일하려고 합니다. 점점 소외 되어가는 영혼들을 향한 사랑과 봉사입니다. 궁극적으로는 그들의 영혼을 구원하는 일입니다. 모든 성도들이 지역선교에 대한 사랑과 관심과 헌신을 더하여 하나님의 사랑이 충만한 교회가 되고 주님의 은혜를 넘치게 받는 여러분들이 되시기를 바랍니다.

눌린 자 소외된 자에게 주의 은혜의 해를 선포해야 합니다. 자유와 기쁨을 주는 사역이 되어야 합니다. 그리고 각 교회학교 부서와 남전도회와 여전도회, 찬양대와 교회 각 기관이 날마다 더하는 부흥이 있기를 기도합니다. 여러분의 가정과 삶도 날마다 하나님의 은혜가 더해지는 축복이 있으시기를 축원합니다.

사랑하는 행복한교회 성도 여러분!

삶의 지역과 영역이 넓혀지는 교회가 되려면 어떻게 해야 합니까? 날마다 더하는 은혜가 임해야 합니다. 초대교회를 보면 날마다 사랑이 더해갔습니다. 믿음이 더해갔습니다. 그리고 믿는 자의 수가 날마다 더하게 되었습니다.

행복한교회도 날마다 부흥하고 있습니다. 새로운 가족들이 등록하고 있습니다. 은혜가 넘치고 있습니다. 성도들 간의 관계도 많이 회복되어지고 충만합니다. 서로 기도하며 축복합니다. 은혜가 넘치는 교회입니다. 서로 봉사하고 축복합니다. 은혜가 충만한 교회입니다.

환경을 초월하는 기도의 삶

삶의 지역과 영역이 넓혀지는 교회가 되려면 어떻게 해야 합니까? 환경을 초월하는 기도의 삶이 넘치는 교회가 되어야 합니다. 본문의 야베스는 자신의 불행한 환경을 탓하거나 그 환경에 항복하지 않고 위대한 용기를 가지고 자신의 삶의 지역을 넓혀 가게 해달라고 하나님께 기도했습니다.

하나님께서 크게 들어 쓰시는 사람은 자신의 환경이나 육체적인 조건에 항복하는 사람이 아니라 그것을 초월해서 나아가는 사람입니다. 어려운 환경보다도 그 환경을 대처하는 자세가 중요합니다. 환경을 이기는 노력이 필요합니다.

건국대학교 교수인 '유태영' 박사의 간증을 본 적이 있습니다. 그는 전라도의 조그만 섬에서 중학교밖에 나오지 못하고 머슴살이했던 소년이었습니다. 그는 '내가 언제까지 이 조그만 섬에 갇혀 있어야 하는가? 나도 이 세계를 향해 뜻을 펴리라'고 생각하고 엉뚱하게도 덴마크의 왕에게 덴마크에 가서 농사를 배워 한국의 농촌을 부흥시키고 싶다는 편지를 써 보냈습니다. 그런데 뜻밖에도 덴마크의 왕이 비행기 표까지 보내고 장학금을 마련해서 그를 초청했습니다. 그는 덴마크 말을 한 마디도 몰랐지만, 7개월 동안에 덴마크 말을 마스터했습니다. 그는 덴마크에서 공부한 후 또 이스라엘에 편지를 보내서 히브리대학에서 박사 학위를 받고 돌아왔습니다. 전라도의 조그만 섬에 갇혀 있던 그가 자기 삶의 지경을 확장해 나아갔던 것입니다.

하나님께서 들어 쓰시는 사람은 영적, 정신적으로 자기 삶의 지경을 확장해 나아가는 사람인 줄 믿습니다. 야베스는 불행과 슬픔의 사람이었지만 하나님께 매달렸습니다. 간절히 기도했습니다. 환경을 불평하지 않고 운명의 노예가 되지 않고 하나님께 나아가 열심히 기도하고 하나님의 도우심을 힘입어 스스로 바꾸었습니다. 기도의 사람이 큰 그릇이 됩니다.

시편 81편 10절에 보면 "……네 입을 넓게 열라 내가 채우리라"고 했습니다. 시편 50편 15절에 보면 "환난 날에 나를 부르라 내가 너를 건지리니 네가 나를 영화롭게 하리라"고 했습니다.

하나님은 기도의 사람을 통해서 하나님의 역사를 이루십니다. 하나님은 똑똑하다고 쓰시지 않습니다. 하나님은 IQ와 EQ가 좋다고 쓰시는 것도 아닙니다. 하나님은 부자라서 사용하시지 않습니다. 하나님은 하나님을 의지하는 자를 통해서 하나님의 역사를 이루십니다. 하나님은 하나님의 능력을 믿으며 기도하는 사람을 통해서 역사하십니다. 하나님은 하나님만을 높이는 자를 기뻐하십니다. 하나님은 하나님만을 자랑하는 자를 기뻐하십니다. 야베스처럼 자신의 불행한 환경에 굴복하지 않고 기도하며 승리하시기 바랍니다.

제주도에 가뭄이 들었을 때가 있었습니다. 모든 나무들이 말라 죽는데 한 과수원의 나무들은 생명을 연장하고 있었습니다. 파릇파릇하진 않았지만 죽지 않았습니다. 왜 그런지 많은 사람들이 궁금해 했습니다. 주인은 이야기했습니다. "나는 이 나무에 물을 줄 때 흠뻑 주지 않았습니다. 나무가 자라기에 죽지 않을 만큼만 주었습니다. 그랬더니 나무들이 스스로 살 길을 찾았는데, 그것은 나무들이 뿌리를 깊이 내렸던 것입니다."

위에서 오는 것이 부족했기에 밑에서 공급받은 것이었습니다. 시련은 망하게 하는 것이 아니라 하나님을 만나게 하는 기회임을 깨달으시기 바랍니다. 믿음의 뿌리를 깊이 내리시기 바랍니다. 기도의 뿌리를 깊이 내려야 합니다. 기도하면 하나님이 꼭 응답하실 줄로 믿습니다.

인생에는 두 가지 어두움이 있습니다. 하나는 동굴의 어두움입니다. 다른 하나는 터널의 어두움입니다. 동굴의 어두움은 끝이 없습니다. 들어갈수록 더욱 어두워집니다. 가도 가도 어두움뿐입니다. 앞으로 가는 한 어두움을 벗어나지 못합니다. 끝날 것 같아도 끝이 없습니다.

그러나 터널의 어두움은 다릅니다. 어느 정도까지는 점점 어두워지다가 한치 앞이 보이지 않을 정도로 깜깜해집니다. 끝날 것 같지 않은 어두움이 지나가고 나면 저 멀리 한 점의 빛이 보이게 됩니다. 좀 더 참고 계속해서 나아가면 다음에는 조금씩 밝아지다가 마침내 완전히 어두움을 벗어나서 환한 태양 아래로 나오게 됩니다. 아무리 길어도 터널에는 끝이 있게 마련입니다.

성지순례하면서 보니 '수에즈운하'가 수중터널로 되어 있었습니다. 총 4.7킬로미터였는데 버스로 한참을 갔습니다. 그러나 마침내 그 터널도 끝이 있었습니다.

성도의 어두움은 막혀 있는 동굴의 어두움이 아니라 반드시 끝이 있는 터널의 어두움입니다. 하나님의 사랑을 믿고 끝까지 기도하는 사람의 어두움은 터널의 어두움입니다. 야베스처럼 자신의 불행한 환경에 굴복하지 않고 기도하며 승리하시기 바랍니다.

사랑하는 행복한교회 성도 여러분!

삶의 지역과 영역이 넓혀지는 교회가 되려면 어떻게 해야 합니까? 그것은 큰 꿈을 소유해야 합니다. 하나님께 여러분의 비전을 적어보십시오. 하나님께 여러분의 꿈을 말씀해보십시오. 큰 꿈을 가져야 합니다. 큰 꿈을 품어야 합니다.

그래야 하나님께서 크게 쓰십니다. 큰 꿈의 비전 속에 하나님의 계획하심을 심을 것입니다. 그리고 성취해나갈 것입니다. 바로 여러분의 꿈을 통해서 말입니다.

그리고 삶의 지역과 영역이 넓혀지는 교회가 되려면 어떻게 해야 합니까? 날마다 더하는 은혜가 임해야 합니다.

초대교회를 보면 날마다 사랑이 더해갔습니다. 믿음이 더해갔습니다. 그리고 믿는 자의 수가 날마다 더하게 되었습니다. 행복한교회도 날마다 부흥하고 있습니다. 새로운 가족들이 등록하고 있습니다. 은혜가 넘치고 있습니다.

성도들 간의 관계도 많이 회복되어지고 충만합니다. 서로 기도하며 축복합니다. 은혜가 넘치는 교회입니다. 서로 봉사하고 축복합니다. 은혜가 충만한 교회입니다.

또한 삶의 지역과 영역이 넓혀지는 교회가 되려면 어떻게 해야 합니까? 환경을 초월하는 기도의 삶이 넘치는 교회가 되어야 합니다.

삶의 지역이 넓혀지는 교회가 꼭 되어지기를 소원합니다. 그냥 되어지는 것이 아니라 바로 여러분들에 의해서 이뤄집니다. 교회를 향한 꿈을 가지십시오. 날마다 은혜의 삶을 사시기를 바랍니다. 언제나 기도하며 사십시오. 삶의 지역이 넓혀지는 교회를 이루는 여러분들이 꼭 되시기를 주님의 이름으로 축원합니다.

생명의 말씀을 밝히는
교회

오늘 말씀대로 우리는 생명의 말씀 위에 굳게 서서 생명의 말씀을 좇아서 살아야 합니다. 그리고 우리는 생명의 말씀을 밝혀서 어둠 속에서 방황하는 사람들을 힘써 건져내야 합니다.

"모든 일을 원망과 시비가 없이 하라" (빌 2:14)

여기에 우리가 해서는 안 될 것 두 가지가 나옵니다. 원망과 시비입니다. 원망이 소극적이고 감정적인 태도라면 시비는 적극적으로 나서서 이지적으로 따지는 태도입니다. 원망이 없어야 합니다. 시비도 없어야 합니다. 이 둘을 한 마디로 표현하면 불평하지 말라는 것입니다.

말씀을 자세히 보면 '모든 일을'이라고 했습니다. 어디에서 무슨 일을 하든지 불평하면 안 됩니다. 가정에서도 불평이 사라져야 합니

교회는 지금 공사 중

다. 교회 안에서도 불평이 있으면 안 됩니다. 사회생활을 할 때도 불평 없이 해야 합니다.

불평은 타락한 인간의 병든 마음에서 나옵니다. 세상에서 제일 먼저 불평한 사람은 누구였습니까? 아담이었습니다. 아담이 타락하자 그는 하나님에게 자기 아내 하와를 비난했습니다. 그러면서 그는 하나님이 자기에게 하와를 아내로 주셨다고 불평했습니다.

불평은 다른 사람에게 전염이 됩니다. 여호수아와 갈렙을 제외한 나머지 열 명의 정탐꾼들은 가나안 땅을 악평했습니다. 그러자 그들에게 전염되어서 온 이스라엘 회중이 다 함께 불평했습니다. 결국 하나님의 심판으로 그들은 가나안 땅으로 들어가지 못했습니다.

이 세상의 모든 일은 하나님의 섭리 가운데 이루어집니다. 따라서 불평은 하나님의 섭리를 믿지 않는 것입니다.

결국 모든 불평이 궁극적으로는 하나님을 향하게 됩니다. 그러기에 하나님은 불평을 미워하십니다. 불평하는 자를 심판하십니다.

사도 바울은 어떠했습니까? 바울은 정말 열심히 주를 섬겼습니다. 바울은 온갖 박해와 환난 속에서도 주를 위하여 충성을 다해왔습니다. 그런데도 바울은 로마의 감옥에 갇혔습니다. 그렇지만 바울은 결코 불평하지 않았습니다.

"형제 중 다수가 나의 매임으로 말미암아 주 안에서 신뢰함으로 겁 없이 하나님의 말씀을 더욱 담대히 전하게 되었느니라" (빌 1:14)

세번째 이야기, 비전의 교회

바울은 감옥에 갇혔지만 하나님의 선하신 뜻을 생각했습니다. 그가 매임으로 말미암아 그를 대신하여 더 많은 형제들이 담대하게 복음을 전하게 되었습니다. 그 결과 복음 전파에 진전이 있었습니다. 그래서 바울은 옥중에서 오히려 더 기뻐하며 더 감사했습니다.

바울은 하나님의 섭리를 믿었습니다. 그래서 바울은 자족하기를 배웠습니다. 바울은 일체의 비결을 배웠습니다. 여러분도 어떠한 경우에라도 불평하지 마시기를 바랍니다.

오늘 주시는 말씀을 붙잡고 하나님의 선하신 뜻을 생각하면서 항상 기뻐하고 범사에 감사하는 전천후 그리스도인이 되시기를 예수님의 이름으로 축원합니다.

하나님은 불평하지 말아야 할 이유를 세 가지로 말씀하십니다.

우리 자신을 위해서

우리는 자신을 위해서라도 불평하지 말아야 합니다. 우리는 하나님의 자녀입니다. 하나님의 자녀는 하나님의 자녀다워야 합니다. 불평이라는 단어는 하나님의 자녀에게는 결코 어울리지 않습니다. 하나님의 자녀답게 우리는 항상 기뻐해야 합니다. 하나님의 자녀답게 우리는 범사에 감사해야 합니다.

빌립보서 2장 15절에서 "이는 너희가(1) 흠이 없고(2) 순전하여 어그러지고 거스르는 세대 가운데서 하나님의(3) 흠 없는 자녀로 세상에서 그들 가운데 빛들로 나타내며"

　본문은 '이는'이라는 접속사로 시작하고 있습니다. 이유를 밝히는 단어입니다. 왜 우리가 모든 일을 원망과 시비가 없이 하여야 합니까? 왜 우리가 무슨 일을 하든지 불평하면 안 됩니까? 이는 우리가 하나님의 자녀로서 하나님의 자녀다워야 하기 때문입니다.

　하나님의 자녀는 어떠해야 합니까? 오늘 본문에는 세 가지 단어가 하나님의 자녀를 수식하고 있습니다. 하나님의 자녀는 흠이 없어야 합니다. 하나님의 자녀는 순전해야 합니다. 하나님의 자녀는 책망 받을 것이 없어야 합니다.

　헬라어에서 이 세 단어는 모두 헬라어 알파벳의 첫 글자인 '알파'로 시작합니다. 뜻은 서로 상통하며 보완적입니다. 흠이 없어야 순전합니다. 그래야 책망 받을 것이 없습니다. 반대로 흠이 있으면 순전하지 못합니다. 그 결과 책망 받을 것이 생깁니다.

　갈라디아서 3장 26절 말씀처럼 우리는 믿음으로 말미암아 그리스도 예수 안에서 하나님의 자녀가 되었습니다. 하나님은 우리가 흠이 없는 자녀이기를 바라십니다. 하나님은 우리가 순전한 자녀이기를 원하십니다. 하나님은 우리가 책망 받을 것이 없는 자녀이기를 기대하십니다.

　그러면 우리가 하나님의 자녀답기 위해서는 어떻게 해야 합니까? 결론은 분명합니다. 모든 일을 원망과 시비가 없이 해야 합니다. 모든 일에 불평이 없어야 합니다. 불평하면 흠이 생깁니다. 불평하면 순전할 수 없습니다. 불평하면 책망을 받게 됩니다.

"우리가 다 실수가 많으니 만일 말에 실수가 없는 자라면 곧 온전한 사람이라 능히 온 몸도 굴레 씌우리라" (약 3:2)

항상 말을 조심해서 말에 실수가 없도록 해야 합니다. 그러기 위해서는 우리의 혀를 잘 지켜야 합니다. 혀는 손이나 발보다 훨씬 작습니다. 그러나 혀는 손이나 발보다 훨씬 더 큰일을 저지릅니다. 혀로써 말을 만들어내기 때문입니다.

원망을 하는 것도 혀가 하는 것입니다. 시비를 거는 것도 혀가 하는 것입니다. 불평하는 것도 혀가 하는 것입니다. 거짓말하는 것도 혀가 하는 것입니다. 남을 모함하는 것도 혀가 하는 것입니다. 아첨하는 것도 다 혀가 하는 짓입니다.

반대로 하나님을 찬송하는 것도 혀가 합니다. 복음을 전하는 것도 혀가 합니다. 남을 칭찬하며 격려하는 것도 다 혀가 합니다.

과거에는 우리가 말에 부주의해서 불평을 했을 수도 있었습니다. 그 결과 우리가 하나님 앞에서 흠이 있고 순전하지 못하며 책망 받을 것이 있었을 수도 있습니다.

그러나 그것은 과거로 끝이 나야 합니다. 이제는 달라져야 합니다. 이제는 변해야 합니다. 이제는 거듭나야 합니다.

"입과 혀를 지키는 자는 자기의 영혼을 환난에서 보전하느니라" (잠 21:23)

교회는 지금 공사 중

입과 혀를 지키라고 했습니다. 우리 입에 파수꾼을 세워서 불평하는 말이 입 밖으로 새어나오지 못하게 막아야 합니다. 우리 입에 파수꾼을 세워서 원망하는 말이 입 밖으로 새어나오지 못하게 막아야 합니다. 우리 입에 파수꾼을 세워서 시비를 거는 말, 불평하는 말이 입밖으로 새어나오지 못하게 막아야 합니다. 말은 적게 할수록 좋습니다. 그러나 말을 하려면 긍정적인 말을 해야 합니다 말을 하려면 감사하는 말을 해야 합니다. 말을 하려면 복음을 전하는 말을 해야 합니다.

사랑하는 행복한교회 성도 여러분!

우리는 생명의 말씀을 밝히는 교회가 되기 위해서 어떻게 해야 합니까? 우리는 자신을 위해서라도 불평하지 말아야 합니다. 우리는 하나님의 자녀입니다. 하나님의 자녀는 하나님의 자녀다워야 합니다. 불평이라는 단어는 하나님의 자녀에게는 결코 어울리지 않습니다.

하나님의 자녀답게 우리는 항상 기뻐해야 합니다. 하나님의 자녀답게 우리는 범사에 감사해야 합니다. 말을 하려면 복음을 전하는 말을 해야 합니다. 축복된 말을 해야 합니다. 사랑의 말을 해야 합니다.

우리 모두 말을 조심합시다. 하나님의 자녀답게 말합시다. 하나님의 자녀답게 살아서 하나님의 자녀다운 모습을 보입시다. 그래서 주께서 말씀하신 대로 우리 모두 하나님의 자녀로서 흠이 없고 순전하며 책망 받을 것이 없는 삶을 살아가시기를 예수님의 이름으로 축원합니다.

불신자들을 위해서

우리는 생명의 말씀을 밝히는 교회가 되기 위해서 어떻게 해야 합니까? 불평하지 말아야 합니다. 불신자들을 위해서라도 불평하지 말아야 합니다. 하나님의 자녀에게는 증인의 사명이 있습니다. 우리는 불신자들에게 복음을 전해야 합니다. 불평하면 전도가 안 됩니다. 불평은 전도에 방해가 될 뿐입니다. 불평이 사라져야만 불신자들에게 제대로 복음을 전할 수 있습니다.

오늘 본문은 타락한 세상을 가리켜서 "어그러지고 거스르는 세대"라고 표현합니다. 디모데후서 3장 13절 말씀이 밝히고 있듯이 세상은 갈수록 더 악하여집니다. 한 세대 한 세대 지나갈수록 세상은 더 어그러지고 더 거스르기 마련입니다.

'어그러지다'는 '굽다', '바르지 못하다'라는 상태를 뜻합니다. '거스르다'는 의도적으로 굽게 만드는 동작을 뜻합니다. 불신자들은 하나님의 뜻에서 벗어나 있습니다. 불신자들은 어그러진 것입니다. 또한 불신자들은 의도적으로 하나님의 말씀을 거역합니다. 불신자들은 거스르는 것입니다.

교회는 지금 공사 중

예를 들어봅니다. 성경에서 하나님은 분명히 동성애를 금하셨습니다. 그런데 남자나 여자가 자기의 성을 순리대로 쓰지 않고 역리로 쓰려고 합니다. 어그러진 세대의 모습입니다. 심지어 오늘날에는 동성애를 합법화시킨 나라도 있습니다. 거스르는 세대의 모습입니다.

이와 같이 어그러지고 거스르는 세대 가운데서 우리가 해야 할 사명이 있습니다. 증인의 사명입니다. 지옥을 향하는 사람들에게 천국으로 가는 길을 가르쳐주어야 합니다. 예수님을 믿으면 죄 사함을 받고 영원히 산다는 복음을 전파해야 합니다.

나 혼자 잘 먹고 나 혼자 잘 살겠다는 생각을 이기심이라고 합니다. 마찬가지로 나만 잘 믿고 나만 구원을 받겠다고 생각하는 것도 이기적 신앙입니다.

다른 사람들에게 복음을 전해야 할 사명이 우리에게 있음을 명심해야 합니다.

그러면 우리가 어떻게 전도해야 합니까? 우리에게 전도의 기본적인 원리를 두 가지로 말씀합니다. 먼저 오늘 본문 15절 마지막에서 "세상에서 그들 가운데 빛들로 나타내며"라고 말씀합니다. 어두운 세상에서 우리는 빛들로 우리 자신을 나타내야 합니다.

"너희가 전에는 어둠이더니 이제는 주 안에서 빛이라 빛의 자녀들처럼 행하라" (엡 5:8)

예수님 밖에 있었을 때 우리는 어두움이었습니다. 그러나 이제 우

67

리는 예수님 안에서 빛이 되었습니다. 마태복음 5장 14절에서 예수님이 말씀하신 바와 같이 예수님은 우리를 세상의 빛으로 삼으셨습니다. 그러므로 우리는 빛의 자녀들처럼 행해야 합니다.

빛들로 나타내는 것은 빛을 비추는 것입니다. 빛을 비추는 것은 행실을 착하게 하는 것입니다. 원망과 시비는 착한 행실이 아닙니다. 빛의 자녀들에게는 불평이 합당하지 않습니다. 말씀을 따라서 바르게 살아야 합니다. 그래야 불신자들에게 올바른 길잡이가 되는 것입니다.

전도의 첫 번째 원리는 빛들로 나타내는 것입니다. 어그러지고 거스르는 세대 가운데서 하나님의 말씀을 따라서 살아가는 빛 된 삶을 보여주는 것입니다.

전도의 두 번째 원리는 무엇입니까?

빌립보서 2장 16절 "생명의 말씀을 밝혀……." '생명의 말씀을 밝히는 교회'입니다. 어그러지고 거스르는 세대 가운데서 생명의 말씀을 밝히는 교회가 되어야 합니다.

이 시대 구원의 방주로서 행복한교회가 마땅히 해야 할 사명은 생명의 말씀을 밝히는 것입니다.

생명의 말씀이란 무슨 뜻입니까? '생명을 주는 말씀', '생명을 살리는 말씀', '생명을 풍성하게 하는 말씀'이라는 뜻입니다. 물론 생명의 말씀은 성경에 기록된 하나님의 말씀을 가리킵니다. 하나님의 말씀은 우리에게 생명을 줍니다. 하나님의 말씀은 우리의 생명을 살립니다. 하나님의 말씀은 우리의 생명을 풍성하게 합니다.

찬송가 200장의 가사입니다.

"달고 오묘한 그 말씀 생명의 말씀은" 하나님의 말씀은 생명의 말씀입니다.

"모든 사람을 살리는 생명의 말씀을" 하나님의 말씀은 우리를 살립니다.

"맘에 용서와 평안을 골고루 주나니" 하나님의 말씀은 우리의 생명을 풍성하게 합니다.

입을 다물어야 할 때가 있고 입을 열어야 할 때가 있습니다. 입을 다물고 불평은 하지 말아야 합니다. 불평하면 내게 화가 있습니다. 반대로 입을 열어서 복음을 전해야 합니다. 생명의 말씀을 밝혀야 합니다. 복음을 전하지 않으면 내게 화가 있습니다.

"너는 입을 열어 수다는 잘 떨면서도 하지 말라는 불평은 잘도 하면서도 어찌하여 다른 사람들에게 복음은 한 마디도 전하지를 않느냐?" 이와 같이 주님은 책망하실 것입니다. 잠잠하지 말고 입을 열어서 복음을 전합시다. 생명의 말씀을 밝힙시다. "다른 길은 없습니다.

예수님을 믿으셔야 삽니다. 예수님을 믿으시면 삶이 풍성해집니다.”
이와 같이 입을 열어서 예수님을 전하는 주님의 백성들이 되시기를
바랍니다.

사랑하는 행복한교회 성도 여러분!

우리는 왜 불평하지 말아야 합니까? 먼저는 우리 자신을 위해서입
니다. 하나님의 자녀로서 흠이 없고 순전하며 책망 받을 것이 없어야
하기 때문입니다. 그리고 불신자들을 위해서입니다. 그들에게 빛들로
나타내며 그들에게 생명의 말씀을 밝혀서 전도해야 하기 때문입니다.
이 거룩한 사명을 우리에게 주셨습니다.

따라서 우리가 불평하면 복음의 길이 막혀버리는 것입니다. 복음
의 문이 닫혀버리는 것입니다. 우리는 입을 열어 복음의 소식을 전해
야 하는 사명이 있습니다. 우리는 복음의 빛을 나타내야 합니다. 빛들
로 나타내는 것은 빛을 비추는 것입니다. 빛을 비추는 것은 행실을 착
하게 하는 것입니다. 원망과 시비는 착한 행실이 아닙니다. 빛의 자녀
들에게는 불평이 합당하지 않습니다. 말씀을 따라서 바르게 살아야
합니다. 그래야 불신자들에게 올바른 길잡이가 되는 것입니다. 이렇
게 불평은 물러가고 복음의 입술만 살아서 역사하는 행복한교회가 되
었으면 좋겠습니다.

목회자를 위해서

우리는 왜 불평하지 말아야 합니까? 불평하지 말아야 할 세 번째 이유는 여러분의 목회자를 위해서입니다. 이것은 엎드려서 절을 받으려고 드리는 말씀이 아닙니다. 하나님이 그와 같이 말씀하셨습니다. 목회자를 위하십니까? 그러면 원망과 시비를 없애십시오. 불평하지 마십시오.

"생명의 말씀을 밝혀 나의 달음질이 헛되지 아니하고 수고도 헛되지 아니함으로 그리스도의 날에 내가 자랑할 것이 있게 하려 함이라" (빌 2:16)

사도행전 16장을 보면 바울이 빌립보에서 복음을 전하다가 당한 일이 나옵니다. 바울은 귀신 들린 여종에게서 귀신을 내어 쫓아 주었습니다. 그러자 여종의 주인들이 바울을 붙잡아 관리들에게로 끌고 갔습니다. 관리들은 바울의 옷을 찢어서 벗겼습니다. 그리고는 매로 많이 쳤습니다. 그런 후에 바울을 깊은 옥에 가두었습니다. 그의 발을 차꼬에 든든히 채웠습니다. 이와 같은 달음질과 수고를 통해서 하나님의 교회인 빌립보교회가 세워졌습니다.

빌립보교회가 평안하여 든든히 선다면 바울의 달음질도 또한 그의 수고도 헛되지 아니할 것입니다. 그러나 원망과 시비 때문에 불평 때문에 빌립보교회가 든든히 서지 못한다면 바울의 달음질과 수고는 헛된 것이 되고 말 것입니다.

세번째 이야기, 비전의 교회

사탄은 언제나 하나님의 교회가 평안하여 든든히 서는 것을 방해합니다. 원망과 시비를 통해서입니다. 불평을 통해서입니다. 그와 같은 사탄의 장난에 놀아나지 마십시오. 사탄의 하수인으로 쓰임을 받지 마십시오.

그러면 왜 바울은 그의 달음질이나 수고가 헛되지 않기를 바랐습니까? 스트레스에서 벗어나고 싶어서가 아니었습니다. 그의 남은 목회를 좀 편안하게 하고 싶어서가 아니었습니다. 그는 지금 로마의 감옥에 갇혀서 죽음을 기다리고 있었습니다.

오늘 본문 16절 하반부를 주목합시다.

물론 여기서의 자랑은 과시하는 것을 뜻하지 않습니다.

하나님 앞에서 우리가 무엇을 과시하겠습니까? 바울의 의도는 장차 하늘나라에서 누릴 영원한 기쁨을 뜻합니다.

빌립보교회의 성도들은 바울을 진심으로 사랑했습니다. 그래서 그들은 바울을 위하여 정성스러운 선물을 준비했습니다. 그리고는 빌립보서 4장 18절에 있는 말씀처럼 그들은 그 선물을 에바브로디도 편으로 로마의 옥중에 있는 바울에게 보냈습니다.

그들의 사랑과 정성이 담긴 선물을 받고서 물론 바울은 기뻐하며 감사했을 것입니다. 그러나 바울이 그와 같은 일시적인 기쁨보다도 더 간절히 바라는 것이 있었습니다. 그것은 '그리스도의 날'에 그들로 인하여 그가 영원한 기쁨을 얻게 되는 것이었습니다.

여기에 '그리스도의 날'이 나옵니다. 이와 비슷한 표현으로 '주의 날'이 있습니다. 서로 간에 강조점이 다릅니다. '그리스도의 날'은 그리스도 안에 있는 성도에게만 해당합니다. 그리스도를 위하여 달음질하고 수고한 대로 그리스도께로부터 상을 받는 날입니다.

"주의 날이 밤에 도둑 같이 이를 줄을 너희 자신이 자세히 알기 때문이라" (살전 5:2)

이와 같이 '주의 날'은 그리스도 밖에 있는 자들, 곧 불신자들에게 해당합니다. 그들은 그리스도를 믿지 않기 때문에 그들에게는 구원이 없습니다. 그들에게는 멸망이 있을 뿐입니다. 한 마디로 '주의 날'은 불신자들이 심판주이신 그리스도로부터 벌을 받는 날입니다.

우리 모두는 그리스도의 날을 바라보면서 달음질하며 수고합니다. 목회자는 더더욱 그러합니다. 목회자는 그리스도의 날을 바라보면서 전적으로 헌신합니다. 그러면 이와 같은 목회자를 여러분이 인정해주고 그를 위해주는 길이 무엇입니까?

"내가 내 자녀들이 진리 안에서 행한다 함을 듣는 것보다 더 기쁜 일이 없도다" (요삼 1:4)

식사 대접을 받는 것보다 선물을 받는 것보다 목회자가 더 기뻐하는 것이 있습니다. 여러분이 진리 안에서 행하는 것입니다. 그리하면 목회자의 달음질과 수고는 헛되지 않을 것입니다. 그리고 그리스도의 날에 목회자에게는 자랑할 것이 있게 될 것입니다.

사랑하는 행복한교회 성도 여러분!

우리는 왜 불평하지 말아야 합니까? 목회자를 위해서입니다. 왜 그렇습니까? 우리는 목회자들을 위해 기도해야 합니다. 그 교훈의 말씀대로 살아야 합니다. 그 가르침대로 살아야 합니다. 진리 안에서 행해야 합니다. 이것이 그들을 인정하는 것입니다. 이것이 목회자들을 존경하는 것입니다. 푸짐한 식사 대접보다도 귀한 것입니다. 목회자의 자랑거리가 되어야 합니다. 목회자로부터 인정받는 성도가 되어야 합니다.

사랑하는 행복한교회 성도 여러분!

행복한교회는 생명의 말씀을 밝히는 교회입니다. 오늘 우리는 주께로부터 말씀을 받았습니다. 말씀을 받았으면 곧바로 말씀에 순종해야 합니다. 말씀을 들은 대로 행해야 합니다. 원망과 시비를 없애야 합니다. 불평하지 말아야 합니다.

그 이유는 무엇입니까? 우리 자신을 위해서입니다. 우리는 흠이 없고 순전하며 책망 받을 것이 없는 하나님의 자녀가 되어야 합니다.

그리고 불신자들을 위해서입니다. 어그러지고 거스르는 세대에서 우리는 빛들로 나타내야 합니다. 그리고 이 세대에 생명의 말씀을 밝혀야 합니다.

또한 목회자를 위해서입니다. 목회자의 달음질과 수고를 헛되이 만들지 마십시오. 그리스도의 날에 여러분으로 인해서 자랑할 것이 있게 하십시오.

우리는 어그러지고 거스르는 세대에서 살아갑니다. 이 세대를 본받지 맙시다. 주께서 주시는 생명의 말씀을 든든히 붙듭시다. 그리고 주께서 말씀하신 대로, 생명의 말씀을 밝힙시다. 환하게 밝힙시다. 힘써 밝힙시다. 온 세상에 널리 밝힙시다. 그래서 마침내 행복한교회와 여러분들이 이 시대를 리더하고 살려내는 생명의 역사가 충만하게 결실을 맺기를 예수님의 이름으로 축원합니다.

그리스도의 우주적인 교회로 초청

이 말씀은 시대를 초월하여 성경 말씀을 사랑하는 사람들에게 가장 사랑받고 있는 구절 중 하나입니다.

"수고하고 무거운 짐 진 자들아 다 내게로 오라 내가 너희를 쉬게 하리라" (마 11:28)

이것은 수고하는 인생들을 향한 성자 예수님의 직접적인 초청의 말씀입니다. 그리스도의 우주적인 초청입니다. 진정 이 말씀은 무엇이라 형언할 수 없는 감동을 우리에게 불러일으키는 말씀입니다.

예수님의 이 초청의 말씀은 실로 잠자리에 누워서도 무거운 삶의 짐을 벗지 못하여 신음하고 고통스러워하는 현대인들에게 생명수와 같은 말씀이 아닐 수 없습니다. 이 말씀의 문맥을 살펴보면서 주님의

교회는 지금 공사 중

초청의 말씀을 자세히 묵상해봅시다.

먼저 마태복음 11장 20~24절에서 예수님은 많은 이적을 보고도 회개하지 않는 고을들에 대한 책망과 심판을 경고하십니다. 인간의 책임에 대한 진리를 역설하셨습니다.

그리고 마태복음 11장 25~27절에서 예수님은 감사기도를 통하여 복음 계시의 섭리를 보여주셨습니다. 그리고 하나님 나라 백성의 특권을 알려주십니다.

그리고 마태복음 11장 28~30절에서 예수님은 세상을 구원하실 메시아로서 '안식安息'을 필요로 하는 자들에게 초청의 말씀을 주시면서 풍성한 자유를 약속하고 계십니다.

예수님의 모습을 보십시오. 앞에서는 위를 우러러보며 하나님 아버지께 기도하셨습니다. 25절 초반은 이렇게 시작합니다.

예수님은 이처럼 질문 없는 대답을 통하여 하나님 아버지와의 끊임없는 교통을 보이고 계십니다. 그리고 본문에서는 주위를 돌아보며 주님의 제자 되기를 원하는 자들에게 영원한 초청의 말씀을 주고 계십니다.

본문을 통하여 예수님이 친히 초청하시는 대상은 누구인지, 초대받아 나오는 자에게 주신 약속은 어떤 것인지, 그리고 우리에게 주신 명령은 무엇인지 살펴보며 은혜를 나누는 시간이 되기 바랍니다.

초청의 대상

그리스도의 우주적인 교회로 초청하는 대상은 누구입니까? 예수님이 초청하시는 대상은 '수고하는 자들'과 '무거운 짐 진 자들'입니다. 이것은 죄 가운데 빠져 허덕이는 인간들의 모습을 특징적으로 표현하는 말입니다.

본문의 '수고하고(호이 코피온테스)'는 진행의 뜻이 있는 현재분사의 2인칭 복수 호격으로 쓰입니다. 즉, 단 한 번 낙담하거나 지친 것이 아니라 지금까지 계속 지치고 낙담 중에 있는 사람들을 가리킵니다.

누가 수고하는 자들입니까? 자기 힘으로 의롭게 되려고 노력하는 자들입니다. 혹은 안락과 명예와 이익을 추구하느라 애쓰는 자들입니다. 예수님은 도덕적인 수고와 세상적인 수고에 지쳐서 낙담 중에 있는 자들을 부르십니다.

'무거운 짐 진 자들아(호이 페포르티스메노이)'는 현재완료 수동분사 2인칭 복수 호격으로 쓰입니다. 즉, 누군가에 의해 무거운 짐이 지워진 자들을 의미합니다.

그들에게 지워진 짐은 무엇입니까? 일차적으로는 당시 유대인들에게 요구되던 무거운 율법적 관행들입니다. 나아가서는 마귀가 우리에게 지운 죄의 짐을 뜻합니다. 죄의 짐은 죄의 책임이고 죄의 권세입니다.

여기에는 죄로 인해 오는 사망의 두려움입니다. 질병에 대한 짐들이 있습니다. 극심한 가난의 짐이 있습니다. 그리고 분노와 슬픔의 짐

교회는 지금 공사 중

들이 있습니다. 또한 야망의 짐들이 있습니다.

어떤 의미에서 우리 모두 수고하는 자들이요 무거운 짐 진 자들입니다. 남녀노소 빈부귀천을 초월하여 예나 지금이나 모든 인류는 수고하고 무거운 짐 진 자들입니다.

다만 여기 예수님의 초청은 이런 짐을 심각하게 인식하고 있는 자에게, 그리고 그 밑에서 신음하며 부르짖는 자에게 주어집니다. 자신에게 지워진 죄의 짐을 알지 못하고 스스로 만족하고 있는 자는 주님의 초청장을 받을 수 없습니다.

자신의 죄로 인해 정말 고민하며 번뇌하고 있는 자는 예수님의 초청의 음성을 듣습니다. 자신이 당하고 있는 슬픈 현실과 위험한 상태가 자신이 저지른 죄 때문임을 깨닫고 있는 자에게 주님의 초청이 임하게 됩니다.

누가복음 15장에 나오는 탕자의 비유를 보십시오. 둘째 아들은 아버지의 품을 떠나 먼 나라에 가 거기서 허랑방탕하여 그 재산을 낭비하고 어려움을 만납니다. 그는 고통 가운데 신음하며 탄식하고 후회합니다. 철저한 절망을 맛본 탕자는 드디어 두 손 들고 항복합니다.

"내가 일어나 아버지께 가서 이르기를 아버지 내가 하늘과 아버지께 죄를 지었사오니 지금부터는 아버지의 아들이라 일컬음을 감당하지 못하겠나이다 나를 품꾼의 하나로 보소서 하리라 하고 이에 일어나서 아버지께로 돌아가니라" (눅 15:18~20)

세번째 이야기. 비전의 교회

사도행전 2장에 보면 오순절 성령 강림의 날에 모여든 많은 무리들 앞에서 사도 베드로가 과감히 복음의 말씀을 선포했을 때 그들은 말씀을 듣고 마음에 찔렸습니다. 그리고는 부르짖었습니다.

"형제들아 우리가 어찌할꼬?" (행 2:37)

그들은 주님의 초청의 음성을 들었던 것입니다.

사도행전 16장의 빌립보 감옥 간수의 경우도 이와 유사합니다. 사도 바울 일행이 갇혀 있던 곳에 큰 지진이 나서 옥 터가 움직입니다. 그리고 문이 곧 다 열리며 모든 사람의 매인 것이 다 벗어진 사건을 보고 간수가 무서워 떨며 바울과 실라 앞에 엎드렸습니다.

"선생들이여 내가 어떻게 하여야 구원을 받으리이까?" (행 16:30)

이방인인 간수에게도 주님의 초청이 임했습니다.

5세기의 성자로 불리며 《참회록》과 《신의 도성》을 저술한 '어거스틴'은 젊은 시절에 방탕한 생활로 사생아까지 낳았던 인물입니다.
어거스틴은 '마니교'와 '신플라톤주의Neo-Platonism'에 심취했습니다. 그런데 자신의 삶에 만족하지 못하고 번민하던 32세 되던 어느 날, 정원에서 우연히 '책을 펴서 읽으라'라는 아이들의 노래 소리를

교회는 지금 공사 중

듣습니다. 그가 펴서 읽었던 신약성경이 로마서 13장 11~14절의 말씀입니다.

당시 '수고하고 무거운 짐 진 자'였던 어거스틴은 이 말씀에서 크게 깨닫고 그리스도께로 초대되어 위대한 삶을 시작하게 되었습니다.

사랑하는 행복한교회 성도 여러분!

주님은 지금도 수고하고 무거운 짐 진 자들을 부르고 계십니다. 이 시간 여러분이 처음 주께로 불려나왔던 때를 돌아보며 감사하는 마음으로 여러분의 소명을 견고히 하시기 바랍니다.

그러나 아직도 이 초청에 응하지 않는 수많은 사람들이 있습니다. 우리는 그 영혼들에게 주님의 초청의 소식을 알려주어야 합니다. 세상일에 빠져 타락의 길을 가지 말고 주님께로 돌라오라고 알려주어야 합니다. 수고하고 무거운 짐 때문에 인생의 삶의 기쁨을 잃어버린 사람들에게 주님의 품으로 돌라오라고 알려주어야 합니다. 주님은 누구

세번째 이야기, 비전의 교회

나 초청하고 계십니다. 수고하고 무거운 짐 진 자들을 초청하고 계십니다.

초청자의 약속

수고하고 무거운 짐 진 자들을 초청하시는 예수님은 부름 받아 나오는 자들에게 "내가 너희를 쉬게 하리라"라고 약속하십니다.

원문에서 '내가(카고)'는 매우 강조되는 용법입니다. 예수님은 자신에게 오는 지치고 곤한 죄인들에게 쉼(=안식)을 주시겠다는 강한 의지를 보이십니다. "내가 너희를 쉬게 하리라." 주권자의 결심이 분명하고 당당한 선포의 말씀입니다.

예수 그리스도는 우리의 안식입니다. 그 옛날 홍수 심판 때 방주를 지어 일가족과 동물들을 보존했던 노아는 그 이름의 뜻이 '안식'입니다. 그러므로 예수님은 우리의 노아이십니다. 예수님은 홍수로부터 우리를 보호해주는 방주이십니다. 주님께 나아오는 자는 쉼을 얻고 안식을 누리게 됩니다.

어떤 안식입니까? 예수님은 죄인들을 어떻게 쉬게 하십니까? 죄의 공포로부터 벗어나게 하시고 우리의 마음과 양심에 평화를 주십니다.

우리를 죄의 능력으로부터 해방되게 하시고 유혹이나 나쁜 습관들을 이길 수 있도록 우리의 영혼에 힘을 부여하십니다. 그리하여 주님께 나아오는 자는 주님의 사랑 안에서 한없는 안식을 누리게 됩니다.

예수님은 자격자이십니다. 주님은 우리에게 안식을 주실 수 있는 자격과 권세를 갖추신 분이십니다.

선지자 이사야의 증언을 들어보십시오.

"그는 실로 우리의 질고를 지고 우리의 슬픔을 당하였거늘 우리는 생각하기를 그는 징벌을 받아 하나님께 맞으며 고난을 당한다 하였노라 그가 찔림은 우리의 허물 때문이요 그가 상함은 우리의 죄악 때문이라 그가 징계를 받으므로 우리는 평화를 누리고 그가 채찍에 맞으므로 우리는 나음을 받았도다 우리는 다 양 같아서 그릇 행하여 각기 제 길로 갔거늘 여호와께서는 우리 모두의 죄악을 그에게 담당시키셨도다" (사 53:4~6)

예수 그리스도는 우리에게 참 안식을 주시기 위하여 찔리고 상하셨습니다. 그리고 징계 받고 채찍에 맞으셨습니다. 주님은 우리 모두의 죄악을 친히 담당하셨습니다. 이제는 믿고 나아오는 자들에게 안식을 주십니다.

히브리서 기자는 우리 성도들에게 주실 영원한 안식을 가리켜 이렇게 말씀하고 있습니다.

"그런즉 안식할 때가 하나님의 백성에게 남아 있도다" (히 4:9)

이 안식은 은혜 안에서 이미 시작했고, 장차 영광 가운데서 완성될 것입니다.

사랑하는 행복한교회 성도 여러분!

수고하고 무거운 짐 진 자들을 초청하시는 예수님은 부름 받아 나오는 자들에게 "내가 너희를 쉬게 하리라"라고 약속하셨습니다. 예수 그리스도는 우리에게 참 안식을 주시기 위하여 찔리고 상하셨습니다. 그리고 징계 받고 채찍에 맞으셨습니다. 주님은 우리 모두의 죄악을 친히 담당하셨습니다. 이제는 믿고 나아오는 자들에게 안식을 주십니다.

초청자의 명령

이제 예수님은 우리에게 명령을 내리십니다. 우주저인 초청으로 죄인들을 부르신 주님은 초청자 앞에 나온 자들을 향하여 "나의 멍에를 메고 내게 배우라"라고 명령하십니다.

주님의 명령을 좀 더 깊게 살펴봅시다. 먼저 "나의 멍에를 메어라"라고 하십니다. 예수님의 멍에를 메고 주님을 섬겨야 한다는 말씀입니다. 예수님은 우리 목의 멍에이고 예수님은 우리 머리의 면류관이십니다.

멍에는 짐승들을 유용하게 사용하기 위해 개발된 도구입니다. 하나님 나라의 백성에게는 주님의 뜻을 이루기 위해 멍에가 지워집니다. 주님의 백성이면 백성의 의무를 달게 져야 합니다. 주님은 우리에게 봉사의 멍에를 지우십니다. 우리 모두 부지런히 감당해야 합니다. 주님은 우리에게 헌신과 순복의 멍에를 지우십니다. 우리 모두 겸손과 인내로 감당해야 합니다. 주님은 우리에게 다른 성도들과 함께 멍에를 지도록 하십니다. 우리 모두 성도의 교제에 힘써야 할 것입니다.

주님의 두 번째 명령은 '내게 배우라'입니다. '배우라(마데테)'와 '제자(마데테스)'는 어원이 같습니다. 그러므로 이 말은 '제자가 되어 배우라'라는 말입니다.

예수 그리스도는 우리의 유일한 참 스승이십니다. 주님은 마음이 온유하고 겸손한 분이십니다. 그러므로 우리는 주님이 주시는 멍에를 메고 주님의 제자가 되어 배워야 합니다.

30절을 보면 "내 멍에는 쉽고 내 짐은 가벼움이라"라고 하셨습니다. 이것은 예수님의 전적인 은혜와 도움으로 확실한 구원에 이를 수 있기 때문에 쉽고 가볍다고 하신 것입니다.

만일 우리가 그리스도의 은혜가 아닌 세상의 도덕이나 율법을 통해 자력으로 구원에 이르려 한다면 얼마나 힘들고 어렵겠습니까?

유대인의 율법적 전통을 보면 안식일에는 밥을 해서도 안 됩니다. 돈을 사용한다거나 짐승을 타는 것도 절대 금하였습니다. 안식일에는 전쟁도 할 수 없었습니다. 한 번에 이동할 수 있는 거리도 엄격히 제한되었습니다. 이 밖에도 바리새인들이 지켰던 율법의 전통은 613가지나 되었습니다.

또 중세의 가톨릭 교회를 보더라도 그들은 자신의 선행과 공로로 구원을 얻는다는 것을 너무 강조한 나머지 대부분의 사람들이 일부러 고행苦行을 하고 금욕적인 삶을 살았습니다.

어떤 사람은 높은 나무나 바위 위에서 수년 혹은 수십 년간 앉은 상

세번째 이야기, 비전의 교회

태로만 있기도 하였고, 어떤 사람은 자기의 소유를 가난한 자들에게 모두 나누어주고 탁발수도사가 되기도 했습니다.

하지만 여러분, 누가 모든 율법과 금욕생활을 완벽하게 감당할 수 있겠습니까? 누가 율법과 선행으로 구원에 이를 수 있겠습니까? 이처럼 율법과 세상이 주는 멍에는 무거울 뿐 아니라 구원을 보장해주지도 못합니다.

그러나 오늘 예수님께서는 세상과 율법의 멍에와는 질적으로 다른 주님의 가벼운 멍에를 소개하고 있습니다. 예수님은 친히 율법의 모든 요구사항들을 이루셨습니다. 예수님은 율법이 지향하는 정신까지도 우리를 대신하여 완수해주셨습니다.

그리고 우리에게 믿음으로 얻는 생명과 그리스도의 공로로 얻는 의義를 주셨습니다. 따라서 우리는 모두 율법의 마침이 되시는 예수님의 도우심과 은혜를 따라 믿음으로 나아가기만 하면 이 무거운 율법의 짐에서 해방되고 생명의 성령의 법에 속하는 기쁨을 맛볼 수가 있는 것입니다.

우리가 예수님을 믿고 순종함으로 그의 멍에를 메기만 하면 우리의 공로 없이 은혜로 구원이 이루어진다니 이 얼마나 가벼운 멍에입니까?

또한 주님이 말씀하신 멍에는 1인용이 아니라 2인용입니다. 예수님 당시의 멍에는 두 마리의 소나 나귀가 한 조를 이루어 메는 것이었습니다. 따라서 우리에게 주님 당신의 멍에를 메라고 요구하신 것은 "너 혼자 멍에를 메라"는 말이 아니라 "나와 함께 멍에를 메자"는 말입니다.

그렇습니다. 우리가 예수님을 따르면서 메어야 할 멍에는 나 혼자 힘겹게 메는 1인용이 아니라 예수님과 함께 메는 2인용입니다. 따라서 우리가 예수님의 멍에를 메고 갈 때 예수께서는 우리의 인생길을 동행하시게 됩니다. 우리가 예수님과 동행하는 멍에를 메기만 하면 우리의 삶은 우리 스스로 인생길을 헤쳐 나가는 것이 아니라 예수님이 앞장서서 예비하신 그 길을 따라 가는 편하고 안정된 삶이 되는 것입니다.

"두려워하지 말라 내가 너와 함께 함이라 놀라지 말라 나는 네 하나님이 됨이라 내가 너를 굳세게 하리라 참으로 너를 도와주리라 참으로 나의 의로운 오른손으로 너를 붙들리라" (사 41:10)

사랑하는 행복한교회 성도 여러분!

이처럼 우리가 주님께 와서 주님의 멍에를 즐거이 메고 주님으로부터 배우게 될 때 우리의 마음은 비로소 쉼을 얻게 됩니다. 주님은 우리에게 단순히 안식을 보여주는 정도가 아니라 확실히 안식하게 하겠다고 약속하셨습니다.

주님이 주시는 안식은 세상이 줄 수도 없습니다. 그리고 세상이 빼앗아갈 수도 없습니다. 이를 위해 예수님은 우리에게 보혜사 성령을 파송하고 계십니다. 성령께서 오셔서 주님을 따라 주님의 멍에를 메고 주님을 배우는 자들에게 안식을 주십니다. 이것은 놀라운 영혼의

세번째 이야기, 비전의 교회

평화로 나타나고 우리 마음의 화평으로 표현됩니다.

예수 그리스도의 우주적인 초청의 음성을 들읍시다.

사랑하는 행복한교회 성도 여러분!

주님은 지금도 수고하고 무거운 짐 진 자들을 부르고 계십니다. 이 시간 여러분이 처음 주께로 불려나왔던 때를 돌아보며 감사하는 마음으로 여러분의 소명을 견고히 하시기 바랍니다. 그러나 아직도 이 초청에 응하지 않는 수많은 사람들이 있습니다.

우리는 그 영혼들에게 주님의 초청의 소식을 알려주어야 합니다. 세상일에 빠져 타락의 길을 가지 말고 주님께로 돌아오라고 알려주어야 합니다. 수고하고 무거운 짐 때문에 인생의 삶의 기쁨을 잃어버린 사람들에게 주님의 품으로 돌아오라고 알려주어야 합니다. 주님은 누구나 초청하고 계십니다. 수고하고 무거운 짐 진 자들을 초청하고 계십니다.

그리고 우리 모두 자기 자신을 살펴봅시다. 나는 수고하고 있는 자인가? 나는 무거운 짐 진 자인가? 나는 과연 이 사실을 깨닫고 있는가?

그렇다면 주님의 명령을 기꺼이 따라야 하겠습니다. 주님께 나아가서 주님 주신 멍에를 기쁘게 메고 주님을 배우십시다. 기쁜 마음으로 믿음의 봉사에 힘씁시다. 믿음의 헌신에 힘씁시다. 믿음의 교제에

교회는 지금 공사 중

힘쓰십시다. 그때 우리는 주님의 안식과 평강을 풍성히 맛보게 될 것입니다. 그때 우리는 보혜사 성령으로 충만하게 될 것입니다. 우리에게는 승리의 삶이 약속되어 있습니다. 날마다 승리의 삶을 체험하시며 살아가시기를 바랍니다.

하나님의 살아 계심을
나타내는 교회

"여호와여 내게 응답하옵소서 내게 응답하옵소서 이 백성에게 주 여호와는 하나님이신 것과 주는 그들의 마음을 되돌이키심을 알게 하옵소서" (왕상 18:37)

요즘도 문제가 있는 단군신전 건립에 대해 말이 많습니다. 본래 '단군'은 실재의 인물이 아닙니다. 《삼국유사》는 일연이라고 하는 중이 쓴 책인데 거기 처음으로 단군 설화가 나옵니다. 환인이라는 천제가 보낸 환웅이라는 아들이 마늘과 쑥을 먹고 여자가 된 곰과 결혼을 합니다. 그래서 태어난 것이 단군입니다. 단군이 나라를 세웠고 단군의 자손이 우리 민족이라고 하는 것입니다. 이는 중이 만들어 낸 설화입니다.

그렇다면 곰이 우리 할머니라는 뜻입니다. 그러면 우리가 곰의 자손이란 말인데 그런 맹랑한 소리는 있을 수 없는 전설일 뿐입니다. 그런 맹랑한 소리를 그대로 사실인 양 받아들여서 단군을 국조라 하여 신격화하고 신전을 세우겠다는 것입니다. 단군이 실재적인 인물이라 해도 그를 위한 신전은 세울 수 없습니다.

그런데 하물며 설화 중에 나오는 꾸며낸 이야기를 사실화하여 신전을 짓고 또 단군신화로서 통일을 이룩하고 민족의 정신을 하나로 묶어 보겠다는 것은 얼토당토 않는 소리입니다. 오히려 이것 때문에 민족의 분열이 일어나고 있습니다.

우리가 정치문제에는 여당이나 야당의 어느 한편에 설 필요는 없습니다. 또 나라를 다스리는 일은 성서적으로 볼 때 이렇게 해야 된다고 말 한마디로 끝나면 안 됩니다. 그러나 이 문제는 다릅니다. 일본 정치 하에서 우리 한국교회는 문을 닫고 순교를 해가면서도 신사참배를 결사반대했습니다. 또 참혹한 핍박을 받으면서도 반대하고 일어났습니다. 신사참배와 단군신전참배가 전혀 다른 것이 무엇입니까? 이것은 신앙적으로 또 성서적으로 도저히 용납할 수 없는 일입니다.

그러므로 우리는 이 일에 대해 목숨을 걸고 반대하지 않을 수는 없는 입장임을 천명하지 않을 수 없습니다. 그래서 이 시간 옛날로 돌아가 성경의 교훈을 찾아보려고 합니다.

아합 임금 때에 하나님께서 무척 노여워하신 일이 있었습니다. 아합이 왕후를 맞이하는데 시돈 왕 엣바알의 딸 이세벨을 왕후로 맞이했습니다. 그러자 이세벨은 바알이라 하는 우상을 가지고 들어와서 왕후의 권세를 배경으로 바알 종교를 전파합니다.

바알 종교가 어떻게 기승을 부리는지 하나님께서 노여워 3년 6개월 동안 비 한 방울 안 주셨습니다. 이러한 때에 하나님의 종 엘리야가 나타나서 임금에게 말씀합니다. "갈멜산에 제단을 쌓아 놓고 날짜를 정한 다음 송아지를 잡아 각을 떠놓고 기도를 하여 불로 응답하는 신이 바로 참 신이라는 내기를 한번 해보자"고 하였습니다.

엘리야는 혼자 나가고 바알 우상의 선지자들은 450명이 나갔습니다. 바알 선지자들은 바알 제단을 쌓아 놓고 그들의 신을 불렀습니다. 그러나 아무리 불러도 불이 내려오질 않아 포기해버렸습니다. 그런데 엘리야가 하나님 앞에 제단을 쌓고 백성들을 불러 놓고 기도했을 때 불이 내려오는 응답을 받았습니다. 그리고 3년 6개월 동안 비가 오지 않던 땅에 비가 내렸습니다. 갈멜산 제단에서 승리했습니다. 그때 하나님과 귀신의 싸움이 벌어졌습니다.

하나님의 제단과 바알 제단과의 싸움에서 하나님의 교회가 승리했다고 하는 사실은 오늘날 우리들에게 의미심장한 교훈을 주는 사건입니다. 그럼 어떻게 승리할 수 있었습니까?

순종하는 교회가 승리

1. 모이는 순종입니다

순종하는 교회가 승리할 수 있습니다. 승리하게 위해서는 모이는 것에서부터 시작합니다. "엘리야가 모든 백성을 향하여 이르되 내게 가까이 오라 백성이 다 그에게 가까이 오매……" 백성들이 다 가까이 와서 모였습니다. 그런데 엘리야가 다 내게로 가까이 오라 해서 함께 모인 백성들이 조금 전에 어디에 갔던 백성들입니까? 전부 다 하나같이 바알 제단에 가서 모였던 사람들입니다.

그런데 "이리로 가까이 와서 모이자" 했을 때 다 여호와 제단에 모였습니다. 모이라고 했을 때 그 사람들이 불평을 할 수도 있었습니다. 그리고 반항을 할 수도 있었습니다. 그러나 그들은 모두 순종했습니다. 다 내게로 가까이 오라 하는 것은 하나님의 명령이기 때문입니다. 백성들이 당신이 우리에게 먹을 것을 주었느냐? 당신이 우리에게 입을 것을 주었느냐? 당신이 무엇인데 그러느냐고 얼마든지 거부할 수 있었습니다.

그러나 백성들이 불평 한 마디 없이 모여들었습니다. 만약 모이라 했을 때 모이지 않았다면 갈멜산교회가 어떻게 되었겠습니까? 상상해 보십시오. 승리도 없었을 것입니다. 성공도 없었을 것입니다. 실패만 있었을 것입니다. 하나님의 심판만 있었을 것입니다. 우상 앞에서 조롱거리가 되었을 것입니다.

그러므로 그들이 하나같이 모여서 힘을 합쳤을 때 승리가 있었다는 것을 아셔야 합니다. 즉, 모이라 할 때 모이는 순종이 있었기 때문에 승리할 수 있었습니다.

사랑하는 행복한교회 성도 여러분!

오늘날 영적인 싸움 앞에 놓여 있을 때는 우리 교회가 무엇보다 먼저 할 일은 모이는 일입니다. 힘을 합쳐야 합니다. 기도하자 하면 모이는 것입니다. 예배하자 하면 모이는 것입니다. 성경공부 하자 하면 모이는 것입니다. 전도하자 하면 모이는 것입니다. 모일 때 힘이 있습니다. 힘이 있는 곳에 승리가 있습니다. 또 모이는 곳에 하나님의 역사하심이 있습니다. 모이는 교회는 반드시 승리합니다. 모이는 일에 순종하는 교회가 승리했다고 하는 것을 기억해야 합니다.

2. 협력하는 순종입니다

순종하는 교회가 승리할 수 있습니다. 승리하기 위해서는 협력하는 순종이 있어야 합니다. 순종은 협력하는 순종이었습니다. 이것이 귀한 까닭은 모이긴 모였지만 협력은 안하고 팔짱을 끼고 구경만 하고 있었다면 그 모임은 아무 의미가 없기 때문입니다. 차라리 모이지 않은 것만 못할 것입니다.

그런데 모인 그 사람들은 하나같이 협력하고 나섰습니다. 하나같이 봉사했다는 말입니다. 제단을 쌓으려고 돌을 주워오라 하니 그 많은 사람들이 돌을 주워왔습니다. 열두 돌을 취했다 하는 것은 열두 돌을 그 많은 돌 중에서 골라냈다는 말입니다. 그리고 제단을 쌓는 그 자리는 그 전에 여호와의 제단이 있었던 자리인데 지금은 다 무너져 있습니다.

그래서 다시 무너진 여호와의 단을 수축하되 열두 돌로 쌓았습니다. 그 전에 있던 자리를 다 정리하고 그 자리에 제단을 또 쌓았다는 것입니다. 이럴 때 상상해보십시오. 좀 불신앙적인 사람은 왜 구태여 그 자리에 또 해야 되느냐? 할 수도 있었습니다. 그리고 꼭 옛날에 하던 방법 그대로 반복해서 해야 하느냐? 무엇인가를 좀 새롭게 해보자 이런 생각을 가진 사람이 한 사람도 없었겠습니까? 그러나 그들은 하자는 대로 아무 불평 없이 그 자리에 돌을 쌓았다는 말씀입니다.

그리고 그 다음에 보십시오. 제단 주위에 도랑을 팠습니다. 그 전에 없었던 일을 한 것입니다. 제단을 쌓고 이스라엘 백성들이 도랑을 판 일이 전에 어디 있었습니까? 이전에 안 하던 새로운 일을 했다는 것입니다. 이럴 때 좀 불신앙적인 사람은 어찌하여 전에 안 하던 일을 하느냐고 할 수도 있었을 것입니다. 새로운 것을 하면 큰 변이 나는 줄 압니다. 그래서 지도자가 하는 일에 반항하고 또 딴소리 할 수 있습니다. 그렇지만 그들은 파자고 했을 때 팠습니다. 그리고 쌓자 하니 쌓았습니다. 그래서 이런 사람 저런 사람 별별 사람이 다 모였을지라도 묵묵히 하나같이 협력을 했습니다. 그래서 그 결과는 승리인 것입니다.

사랑하는 행복한교회 성도 여러분!

행복한교회에도 별 사람이 다 모였습니다. 그러나 우리가 하나님을 위해서 이렇게 해야 되겠다 할 때에는 이런 저런 생각은 다 정리를 해야 합니다. 내 생각과 판단을 내려놓아야 합니다. 내 고집도 포기해야 합니다. 내 결정도 양보해야 합니다. 오로지 목적과 비전을 가지고 한 마음과 한 뜻이 되어서 협력해야 합니다. 그래야 이 험난한 세상에서 믿음으로 승리할 수 있는 것입니다. 하나같이 협력을 할 때에 이런 현실 속에서 행복한교회에 승리가 꼭 있을 줄로 압니다.

3. 드리는 순종입니다

순종하는 교회가 승리할 수 있습니다. 승리하기 위해서는 드리는 순종이 있어야 합니다. 처음에는 순종해서 모였습니다. 다음에는 순종해서 협력했습니다. 그 다음에는 순종해서 드렸다는 말씀입니다.

제단을 다 쌓고 그 위에 나무를 벌려 놓았습니다. 그리고 송아지를 잡아 각을 떠서 그 위에 올려놓았습니다.

그러자 주의 종 엘리야가 통 넷에 물을 채워다가 부으라고 명하셨습니다. 가져다 부었습니다. 그랬더니 "다시 한 번 더 그리하라" 했습니다. 그래서 또 가져다 부었습니다. 그랬더니 "세 번째 그리하라"고 했습니다. 그래서 세 번째로 가져다 부었더니 단에 물이 넘쳤고 도랑에 가득하게 되었습니다. 그러니까 넘치도록 물을 가져다 부었다는 말입니다.

지금 행복한교회에 물이나 가져다 퍼부으라면 네 통 아니라 사백 통 사천 통이라도 가져다 붓겠다고 생각할 것입니다. 수도꼭지만 틀어 놓으면 24시간 물이 쏟아져 나옵니다. 그러므로 이 말씀 오늘의 한국적 상황에서 생각하면 안 됩니다.

당시가 어떤 때인가를 생각해야 합니다. 왜냐하면 만일 우리나라에 정월부터 유월까지 즉, 반년 동안만 비 한 방울이 안 와보십시오. 한강이 바닥 나 버릴 것입니다. 댐으로 아무리 조절해봐야 6개월 써버리면 바닥이 날 것입니다. 6개월 동안 비가 안 오면 모내기도 할 수 없을 것입니다. 이스라엘 땅에는 3년 6개월 동안 비가 안 왔습니다.

3년 6개월 동안이나 비가 안 왔는데 어디서 물을 얻습니까? 흐르는 물은 전연 없습니다. 웬만한 샘은 다 끊어지고 깊은 샘에서만 물을 얻을 수 있었을 것입니다. 그러다 보니 십리가 되던 백리가 되던 아무데서고 물을 얻을 수 있다면 가야 할 형편입니다. 가서 하룻밤이고 이틀밤이고 새워가며 물을 한 동이씩 길어 와야 됩니다. 그리고 그것을 마음대로 퍼주고 마음대로 쓸 수 있습니까?아끼고 감추어둬야 됩니다.

그때 당시 만약에 싸움이 일어났다면 물싸움이었을 것입니다. 또 도둑이 있었다면 물 도둑이었을 것입니다. 그렇게 아까운 물, 돈을 주고도 구하기 힘든 물을 가져다 부으라는 것입니다 보통일이 아닙니다. 없으면 살 수 없는 것입니다. 꼭 먹어야 되고 꼭 써야 되는 것을 가져다가 넘치도록 부으라는 것입니다.

이럴 때 반항하는 사람이 없었다는 것은 참으로 놀라운 일입니다. 당신이 무엇인데 부어라 말하느냐고 얼마든지 반항할 수 있었습니다. 오늘날 우리 같으면 큰일 날 소리입니다. 그러나 그들은 순종했습니다. 그러자 역사가 나타난 것입니다. 기적을 체험한 것입니다.

사랑하는 행복한교회 성도 여러분!

행복한교회도 보십시오. 전도하자 하면 십여 년씩이나 교회에 나온 사람들도 못 들은 척하고 지냅니다. 그리고 헌금 이야기도 한번만 해 보십시오. 교회 나가니 헌금 이야기만 하더라 하면서 신경질적인 반응을 보이는 사람이 있습니다.

그런데 갈멜산상에 모였던 사람들은 순종했습니다. 주의 제단에 필요하다면 내일은 어떻게 되든지 넘치게 부었더니 그날 해가 지기 전에 큰비가 내려 문제가 다 해결되고 말았습니다. 하나님이 바치라 할 때는 벌써 계산이 있어서 바치라고 하시는 것입니다.

그런데 그것이 아까워서 아낀 사람이 있었다면 큰비가 내렸을 때 그 아낀 것은 아무 의미가 없었을 것입니다. 바치라고 했을 때 순종하여 넘치도록 바쳤더니 하나님이 역사하사 승리하게 하셨습니다.

또 그날 해가 지기 전에 문제에 개입하셔서 해결해주셨다고 하는 것을 분명히 명심하셔야 합니다. 그래서 바치는 순종입니다. 순종하는 교회가 승리하는데 모이는 순종, 협력하는 순종, 바치는 순종입니다.

불붙는 교회가 승리

1. 기도의 불입니다

또한 불붙는 교회가 승리합니다. 불붙기 위해서는 기도의 불이 있어야 합니다. 제단을 다 갖추고 나무를 벌려 놓았습니다. 그리고 번제물을 갖춰 놓고 갖출 것을 다 갖추어 놓았다고 불이 내려오는 것은 아닙니다.

오늘날에도 그렇습니다. 교회가 조직을 다 갖추어 놓았다고 해서 성령의 역사가 자동적으로 오는 것은 아닙니다. 기도하는 곳에 불이 임했던 것입니다. 갖출 것 다 갖추어 놓고 기도했더니 불이 내려왔습니다. 불이 내려와야 그 제단이 살고 불이 안 내려오면 바알의 제단처럼 망할 수밖에 없는 것입니다.

교회의 생명은 하나님의 불에 있습니다. 성령의 불이 내려오느냐 안 내려오느냐에 승패가 달려 있습니다.

예루살렘 초대교회인 다락방교회를 보십시오. 그들이 열흘 동안 간절히 기도했을 때 성령의 불이 내려왔습니다. 기독교의 역사는 거기서부터 시작된 것입니다. 그 사람들이 열흘 동안 조직이나 하고 앉아 있었다면 하나님의 불이 내려오지 않았을 것입니다.

교회에서는 조직이 기도를 대신하면 안 됩니다. 기도가 우선입니다. 기도하는 곳에 불이 내려옵니다. 기도하는 곳에 성령의 역사가 일어납니다. 불의 역사가 있는 곳에 승리가 있음을 확신해야 합니다.

사랑하는 행복한교회 성도 여러분!

그렇습니다. 기도의 불이 임해야 합니다. 성령의 역사가 임해야 합니다. 기도가 우선입니다. 기도의 불이 꺼지면 실패합니다. 망합니다. 사단에게 지는 것입니다. 사단에게 종노릇하는 것입니다. 교회는 조직으로 이끌어가는 것이 아닙니다. 교회는 기도의 불로 이끌어가는 것입니다. 교회의 생명은 하나님의 불에 있습니다. 하나님의 불이 임할 수 있도록 기도해야 합니다.

이처럼 기도가 살아 있는 교회가 행복한 교회인 줄로 믿습니다. 그래서 이 시대를 책임질 수 있는 힘 있는 교회가 되기를 바랍니다.

2. 내려 붙는 불입니다

불붙는 교회가 승리한다고 했습니다. 불붙기 위해서는 내려 붙는 불이 있어야 합니다. 세상의 불은 나무를 쌓아 놓고 아래부터 올려붙여야 잘 탑니다.

그러나 본문 38절을 보면 하나님의 불은 내려 붙었다는 것입니다. 불이 내려와서 맨 위의 번제물을 태우고 그 밑의 나무를 태웁니다.

그리고 그 밑의 돌들을 태웁니다. 그 밑의 흙을 태우고 옆으로 도랑의 물을 핥아버리고 말았습니다. 다시 말하면 내려 붙은 것입니다. 여호와의 불은 성령의 불을 의미하는데 성령의 역사는 내리 역사해야 합니다. 그래야 승리하는 것입니다.

옛날 초대교회에 마가 다락방에서 성령이 역사할 때 맨 위에 있던 사람이 베드로였습니다. 그리고 그 다음이 열 사도와 그 외의 여러 사람들이었습니다. 그런데 그때 맨 위에 베드로나 사도들은 성령의 불을 못 받고 다른 사람들에게서부터 성령의 역사가 일어났다고 생각해 보십시오. 잘못했다고 그 불을 꺼버리고 난리가 났을 것입니다. 그런데 위에서부터 내려 붙으니 누가 무엇이라고 하겠습니까? 온통 성령의 불바다가 된 것입니다.

기독교의 역사는 이렇게 되는 것입니다. 성령의 역사는 바로 이런 것입니다. 한국교회도 위에서부터 아래로 내려 붙는 성령의 역사가 있어야 합니다. 이런 역사가 임해야 어려운 시국 가운데서도 승리할 수 있다는 것을 알게 됩니다.

사랑하는 행복한교회 성도 여러분!

인간적인 불로 교회를 이끌어갈 수 없습니다. 성령의 불이 임해야 합니다. 하늘에서 내려주시는 능력이 불이 임해야 역사가 나타나는 것입니다. 엘리야의 불은 사람의 불이 아니었습니다. 엘리야의 불은 하나님의 불이었습니다. 바알의 불은 땅의 불입니다.

그러나 하나님의 불은 하늘의 불인 것입니다. 하늘의 불이 임해야 승리할 수 있습니다. 죄악을 태워버릴 수 있습니다. 기독교의 역사는 하늘의 불로부터 임했던 것입니다.

마가의 다락방의 역사는 내려 붙는 불이었던 것입니다. 이처럼 기도하므로 성령의 불이 각 심령 위에 부은바 되어서 이 어려운 시국을 이끌어갈 수 있는 거룩한 공동체가 되기를 바랍니다.

3. 신앙고백의 불입니다

불붙는 교회가 승리한다고 했습니다. 불붙기 위해서는 신앙고백의 불이 있어야 합니다. 본문 39절에 보면 백성들이 "여호와가 하나님이다"라고 고백했습니다. 그런데 그 사람들이 조금 전에 어디에 갔던 사람들입니까? 바알의 제단에 꿇어 엎드려 거기서 불을 받아보려고 하던 자들입니다.

그래서 바알제단과 여호와의 제단을 오가며 방황하던 자들입니다. 그때 그 사람들에게 돈을 주고 여호와가 하나님이라고 고백하라고 하면 했겠습니까? 못합니다. 그런데 하늘로부터 불이 내려오는 것을 보았습니다. 그 결과 누가 시키지 않아도 여호와가 하나님임을 고백했습니다.

그 고백은 오늘날 우리들 입장에서처럼 자유롭게 고백한 것이 아닙니다. 왕은 바알을 믿는 자입니다. 그런 왕 앞에서 "여호와가 하나님이다"라고 고백하는 것은 힘든 일입니다. 그런 상황에서 고백했다는 것은 불을 받았기 때문이었습니다. 불을 받고 불의 역사로 고백하게 된 것입니다.

그러므로 "주는 그리스도시요 살아 계신 하나님의 아들이시다 하나님을 아버지로 믿습니다"라고 하는 신앙고백은 돈 받고 못합니다.
성령이 임하사 나를 뜨겁게 감동시킬 때 누구 눈치 볼 것이 없이 고백
할 수 있습니다. 그래서 성령의 불은 우리로 하여금 신앙을 고백케 하
는 불입니다.

사랑하는 행복한교회 성도 여러분!
우리의 신앙고백을 통해서 하나님을 하나님으로 인정하고 고백해
야 합니다. 이 모든 일은 하나님으로 해야 함을 인정하는 것입니다. 나
의 하나님이십니다. 우리의 하나님이십니다. 행복한 공동체의 하나님
이십니다. 이렇게 고백하므로 마침내 행복한교회와 함께하시고 역사
하시는 하나님을 날마다 체험하시기를 바랍니다.

4. 교회 정화의 불입니다
불붙는 교회가 승리한다고 했습니다. 불붙기 위해서는 교회 정화
의 불이 있어야 합니다.
교인들 중에는 교회에 나오면서 교회가 망하길 바라는 사람이 있
을 수 있다는 것이 문제입니다. 교회가 싸움이 없고 평안할 때 그런 일
이 없습니다.
그러나 교인들이 싸우는 데는 교회가 부흥이 안 되길 바라는 사람
이 있을 수 있습니다. 교역자를 내쫓는 구실이 될 수 있기 때문입니다.
교회가 계속 부흥하게 되면 교역자를 내쫓을 근거가 없습니다. 부흥
이 안 되고 줄어야 교역자를 내어 쫓는 구실이 된다는 말입니다. 이런

교회는 지금 공사 중

경우에 부흥이 안 되기를 바라는 것입니다. 그런 사람들은 바알의 족
속들입니다.

본문에서 모든 백성들이 여호와를 하나님이라고 고백할 때에 엘리
야가 바알 선지자들을 도망하지 못하게 붙잡으라고 했습니다. 그 말
은 바알 선지자들이 기도를 포기한 후 바로 도망하지 않고 엘리야가
제단을 쌓고 백성들이 기도할 때에 그 속에 섞여 있었다는 뜻입니다.

백성들 사이에 섞여 있던 바알 선지자들이 불이 내려오길 바랐겠
습니까? 내려오면 자기들이 죽게 됩니다. 그러므로 불이 내려오지 않
기를 바라고 이 제단이 망하기를 바랐을 것입니다.

450명이나 되는 바알 선지자들을 다 골라내었습니다. 그 다음에는
"엘리야가 그들을 기손 시내로 내려가다가 거기서 죽이니라"고 했습
니다. 엘리야 혼자서 어떻게 450명을 죽입니까? 그것은 엘리야 책임
하에 백성들이 처리해버렸다는 말입니다. 이 백성들이 교회 내의 암
적 존재들을 깨끗이 제거하고 교회를 정화시킨 것은 누가 시켜서가
아닙니다. 그러므로 여호와의 불은 교회를 정화하는 불입니다.

사랑하는 행복한교회 성도 여러분!

교회는 이런 암적인 존재들로 문제가 일어납니다. 이런 암적 존재
를 제거하고 교회를 정화하는 것은 오직 성령의 불의 역사로만 가능
합니다. 이렇게 될 때 교회가 승리하는 것입니다.

은혜 받은 교회가 승리

1. 만남의 은혜입니다

은혜 받은 교회가 승리합니다. 은혜 받은 교회가 되기 위해서는 만남의 은혜가 있어야 합니다. 만남은 상당히 중요합니다.

사람은 태어나면서부터 만납니다. 제일 첫 만남은 부모와의 만남입니다. 한 날 한 시 앞뒷집에 태어나도 어떤 부모를 만나느냐에 따라 아기의 인생이 달라집니다. 앞집의 아기는 알코올중독자인 아버지를 만나 불행해집니다.

그런데 뒷집의 아기는 성실하고 독실하게 신앙생활 하는 아버지를 만나 넘치는 사랑을 받으며 산다면, 이것은 귀한 만남입니다. 그렇기 때문에 자녀는 부모를 잘 만나야 합니다. 또한 부모도 자녀를 잘 만나야 합니다.

두 번째 만남은 남녀 간의 만남입니다. 이것은 부부의 만남입니다. 누가 무엇이라 해도 여자는 남편을 잘 만나야 됩니다. 호박 넝쿨은 동쪽으로 돌려놓으면 동으로 가고 서쪽으로 돌려놓으면 서로 가버립니다. 그러므로 여자들은 남편을 잘 만나야 합니다. 또 남편도 여자를 잘 만나야 됩니다. 남편 혼자는 반쪽 구실밖에 못합니다. 그렇기 때문에 부부가 서로 잘 만나야 하는 이유가 여기에 있습니다. 바로 만나고 잘 만난다는 것이 큰 은혜입니다.

그런가 하면 선생과 제자, 즉 사제지간의 만남도 참 귀합니다. 훌륭한 스승을 만나 잘된 제자가 얼마나 많습니까? 또 제자 하나 잘 두어서 그 스승의 영광이 되는 일이 얼마나 많습니까? 이러한 사제지간의 만남은 참 훌륭합니다.

그런가 하면 교회에서 교인들은 교역자를 잘 만나는 것이 큰 은혜요, 교역자는 교인 잘 만나는 것이 큰 은혜입니다.

갈멜산의 칠천 명이나 되는 교인들이 그렇게 순종을 잘해주었으니 이런 순종 잘하는 교인을 만난 것이 엘리야에게는 큰 은혜였습니다. 그리고 그 교인들은 엘리야와 같은 그런 종을 만났기에 다행이지, 발람과 같은 종을 만났으면 결과는 전혀 달라졌을 것입니다. 그러므로 잘 만남이 얼마나 큰 은혜입니까!

41절에 보면 구름 한 점 없는 그런 상황에서 엘리야는 "큰 비의 소리가 있나이다"라고 하였습니다. 구름 한 점 없는데 큰비의 소리를 듣고 있습니다. 영의 귀가 밝아 빗소리를 들었습니다. 세상에 이런 주의 종이 어디 있습니까?

그리고 그 다음에 보십시오. 바다 편을 바라보라고 사환을 일곱 번 보낸 후 일곱 번째 와서 하는 말이 "사람의 손만 한 작은 구름이 일어납니다"라고 하자 "큰비가 온다고 왕에게 알려라!"라고 했습니다.

사랑하는 행복한교회 성도 여러분!

누가 손바닥만 한 구름에서 큰 장대비가 온다고 할 수 있습니까? 엘리야는 보는 눈을 가졌습니다. 엘리야가 그렇게 순종 잘하는 교인을 만난 것도 큰 은혜지만 그 교인들이 이런 주의 종을 만났다고 하는 것은 은혜 중의 은혜요, 이런 은혜를 받은 교회가 세상의 불의와 더불어

싸워 승리하는 것입니다.

2. 해결의 은혜입니다

은혜 받은 교회가 승리합니다. 은혜 받은 교회가 되기 위해서는 해결의 은혜가 있어야 합니다. 조금 후에 구름과 바람이 일어나서 하늘이 캄캄하여지며 큰비가 내렸습니다. '조금 후에' 이 말씀은 그날 해가 넘어가기 전을 의미합니다. 큰비는 소낙비가 아니라 장맛비를 가리킵니다.

장마철에도 3년 반씩이나 비가 오지 않아서 대지는 불타고 수목이 자랄 수가 없을 뿐만 아니라 사람들은 너나없이 도탄에 빠져 죽을 고생을 하고 있었습니다. 엘리야 제단을 통해서 하나님은 큰비를 주셨습니다.

3년 6개월 동안 끈질기게 괴롭히던 문제가 깨끗이 해결되었습니다. 3년 반의 가뭄은 개인적인 문제인 동시에 가정적인 문제요, 민족적인 국가적인 큰 문제였습니다. 이 모든 문제가 한꺼번에 깨끗이 해결되었습니다. 하나님께서 해결해주셨기 때문입니다.

사랑하는 행복한교회 성도 여러분!

우리의 어떤 문제도 우리의 기도를 통해서 속 시원히 해결하여 주실 것입니다. 해결의 은혜가 있어야 합니다. 응답의 역사가 있어야 합니다. 갈멜산 제단에서 하나같이 해결의 은혜를 받아 승리했습니다. 우리의 삶 속에서도 이런 해결의 은혜가 넘쳐나기를 바랍니다.

3. 능력의 은혜입니다

은혜 받은 교회가 승리합니다. 은혜 받은 교회가 되기 위해서는 능력의 은혜가 있어야 합니다. 여호와의 능력이 엘리야에게 임하매 저가 허리를 동이고 이스라엘로 들어가는 곳까지 아합 앞에서 달려갔습니다. 엘리야는 문제가 해결된 뒤에도 하나님의 능력을 받아 마차를 타고 달리는 아합 왕보다도 앞서 달려갈 수 있었습니다. 능력이 없는 자는 항상 패하고 실력이 모자라는 사람은 항상 뒤떨어지고 맙니다. 엘리야가 앞서 달릴 수 있는 까닭은 능력을 받았기 때문입니다.

그래서 유능한 사람은 승리하고 성공도 하며 앞에서 달릴 수 있으나 무능한 자는 쇠하고 패하며 망하게 됩니다.

사랑하는 행복한교회 성도 여러분!

신앙생활에서도 마찬가지입니다. 예를 들면 홍해 바닷가에서 이스라엘 백성들과 애굽 군대와는 상대가 안 되는 입장이었으나 여호와의 능력이 이스라엘에게 나타나 역사하므로 승리했습니다. 그러나 애굽 군대는 하나님의 능력을 당할 수 없어 전멸을 당했습니다. 능력이 임하는 곳에 승리가 있습니다. 이것이 능력의 은혜입니다.

사랑하는 행복한교회 성도 여러분!

하나님의 살아 계심을 나타내는 교회는 순종하는 교회가 승리가 되어야 합니다. 순종하기 위해서는 모이고 협력하고 드리는 순종이 있어야 합니다.

그리고 하나님의 살아 계심을 나타내는 교회는 불붙는 교회가 승리가 되어야 합니다. 불붙는 교회가 되기 위해서는 기도의 불이 임하고 내려 붙는 불이 임해야 합니다. 그리고 신앙고백의 불과 정화의 불이 임해야 합니다.

그리고 하나님의 살아 계심을 나타내는 교회는 만남의 은혜와 해결의 은혜, 능력의 은혜가 임해야 합니다.

이렇게 행복한교회는 순종하는 교회가 되시기를 바랍니다. 그리고 성령의 불길이 임하는 교회가 되시기를 바랍니다. 또한 만남의 은혜와 능력의 은혜를 날마다 체험하는 놀라운 역사가 있기를 예수님의 이름으로 축원합니다.

교회의 기둥이 되려면

"또 기둥 같이 여기는 야고보와 게바와 요한도 내게 주신 은혜를 알므로 나와 바나바에게 친교의 악수를 하였으니 우리는 이방인에게로 그들은 할례자에게로 가게 하려 함이라" (갈 2:9)

본문 9절에 "기둥같이 여기는 야고보와 게바와 요한도 나와 바나바에게 교제의 악수를 하였으니"라는 말씀이 있습니다. '기둥' 하면 건물이 연상됩니다. 기둥 없는 건물은 상상할 수 없습니다. 건물마다 그 건물을 건물로 존재하도록 떠받치고 있는 기둥들이 있습니다.

야고보와 게바(베드로)와 요한은 초대교회의 기둥 같은 인물들이었습니다. 행복한교회에도 기둥 같은 인물들이 필요합니다. 그러면 기둥 같은 인물이 되려면 어떠해야 합니까?

성경 주석가인 '매튜 헨리Matthew Henry'는 "하나님과 멀리 있는 사람일수록 교회와 가까움을 자랑하는 경우가 많다"고 말하였습니다. 하나님과 멀리 떨어져 있는 사람이 그렇지 않은 것처럼 자랑하는 경우가 있습니다.

영국이나 미국 그리고 독일이나 덴마크는 과거 기독교 국가였습니다. 그러나 그 기독교의 찬란했던 유적만 남아 있을 뿐입니다. 지금은 기독교 국가라고 부르기에 너무나 부족한 나라가 되고 말았습니다. 한국이라고 그렇게 되지 말라는 법이 있습니까? 그러면 어떻게 하면 한국교회가 그렇게 되지 않고 계속해서 부흥할 수 있을까요?

오늘 한국교회에 '교회 성장을 위한 여러 가지 전략들'이 나오고 있습니다. 그 가장 기본이 되는 것은 바로 성도 여러분 개인 개인이 교회의 원동력이 되는 기둥이 되는 것입니다. 그럴 때 교회는 성장하게 됩니다. 모든 방법을 다 동원하더라도 교회의 구성원인 교인들이 교회를 위해 아무것도 할 수 없다면 행복한교회도 미구未久에 교회 건물만 남게 될 것이다.

그럼 어떻게 교회의 훌륭한 기둥이 될 수 있습니까?

예수 그리스도 위에 튼튼히 서야 함

교회의 기둥이 되려면 예수 그리스도 위에 튼튼히 서야 합니다.

건물은 어디에 기초를 세우느냐에 따라 견고할 수도 그렇지 못할 수도 있습니다. 예수님은 반석 위에 세운 집은 견고하다고 하셨습니다. 그러나 모래 위에 세운 집은 쉽게 무너지리라고 말씀하셨습니다. 교회는 예수 그리스도 위에 기초를 두어야 합니다.

'라테란Lateran' 성당 문으로 보물을 가득 담은 자루들이 들어올 때 교황 '인노센트 4세Innocent IV' 와 '토마스 아퀴나스T. Aquinas'가 이야기를 나누고 있었습니다. 먼저 교황이 웃으면서 말했습니다. "여보게 아퀴나스! 이젠 교회가 '금과 은은 없어도'라는 말을 하는 것은 다 옛일이 되고 말았네!"라고 말했습니다. 즉, 이제는 교회가 부해졌다는 말입니다.

그러자 아퀴나스가 한숨을 쉬면서 이렇게 말했습니다. "전하! 교회가 앉은뱅이에게 '일어나 걸어라'고 할 수 있는 때도 지나갔겠군요"라고 말입니다.

그 누구도 로마 가톨릭 교회의 권세에 도전할 수 없을 때 교회가 부를 누렸습니다. 기독교를 박해하는 세력들이 없어지고 모든 사람들이 기독교를 인정하게 되었습니다.

그런 가운데 기독교는 모든 것이 풍족하여 아무런 부족을 느끼지 않았습니다. 교회에서 일하기를 원하는 사람들이 많았습니다. 돈을 주고 성직을 사기도 했습니다. 교회는 부의 상징이 되기도 했습니다. 교회의 철탑은 얼마나 멋이 있습니까? 교회의 기둥은 얼마나 미적 감각을 살려서 세웠습니까? 경쟁이나 하듯이 더 좋은 자리에 교회당을 건축했습니다.

그러나 지금 그 교회들이 어떻게 되었습니까? 그곳에서 예배드리는 사람이 없습니다. 왜 그렇게 되었습니까? 그들은 예배당은 건축했지만, 그 교회를 예수 그리스도를 믿는 신앙고백 위에 굳게 세우지 않았기 때문입니다.

러시아의 문호 '톨스토이L.N. Tolstoy'는 이렇게 말했습니다. "하나님의 교회는 눈으로 볼 것이 아니고 또 말할 것도 아니다. 진정한 하나님의 교회는 성도의 가슴에 존재한다."

진정한 교회는 믿음을 가진 성도의 가슴속에 존재하는 것입니다. 성도들의 가슴에 교회가 존재하지 않는다면 눈에 보이는 건물은 아무 소용이 없습니다. 성도들의 가슴에 교회가 존재하지 않는다면 눈에 보이는 교회당은 아무 소용이 없습니다. 교회가 돈이 많지만 예수 그리스도의 능력을 상실해버리면 무슨 소용이 있겠는가? 그런 교회는 이미 교회로서의 의미를 상실한 것입니다.

그렇다면 행복한교회는 어떻습니까? 예수 그리스도를 믿는 신앙고백 위에 세워진 교회입니까? 예수 그리스도의 보혈을 가장 귀한 것으로 여기는 교회입니까? 하나님의 말씀을 전적으로 믿는 신앙 위에 세워진 교회입니까?

교회는 예수 그리스도를 살아 계신 하나님으로 믿는 신앙고백 위에 세워져야 합니다. 교회의 성도들이 모두 예수 그리스도에 대한 신앙고백을 분명히 해야 합니다. 교회에 오는 사람들에게 줄 수 있는 유일한 것이 예수 그리스도의 복음이어야 합니다.

교회의 기둥이 되려면 예수 그리스도에 대한 신앙고백이 분명해야 합니다. 세상의 어떤 것으로도 예수 그리스도와 바꾸지 않는 신앙이 필요합니다. 오늘 교회에서 예수 그리스도에 대한 신앙이 불분명한 사람들이 교회의 기둥이 되려고 하는 경우를 보게 됩니다.

예수 그리스도의 이름보다 금을 더 중요시하는 사람들이 교회의 기둥이 되려고 하고 있습니다. 예수 그리스도의 이름보다 은을 더 중요시하는 사람들이 교회의 기둥이 되려고 하고 있습니다. 그런 사람

교회는 지금 공사 중

들이 교회의 기둥이 되면 큰 문제입니다. 그런 사람이 교회의 기둥이 되면 교회는 무너지고 맙니다. 그래서 교회가 피해를 입게 됩니다. 성도들은 치유되기 어려운 상처를 입게 됩니다. 그리고 교회는 능력을 잃게 됩니다. 교회는 비판의 대상이 됩니다. 교회는 조롱거리가 되는 것입니다. 교회는 신뢰를 잃고 마는 것입니다.

사랑하는 행복한교회 성도 여러분!

교회의 기둥이 되고 싶으십니까? 먼저 예수 그리스도를 믿는 신앙 위에 튼튼히 서십시오. 그런 성도는 교회의 기둥으로 적합합니다. 예수 그리스도에 대한 믿음이 굳건한 성도가 기둥이 되어야 합니다. 그 교회는 어떤 풍파가 닥쳐도 흔들리지 않습니다. 그 교회는 어떤 풍파가 있어도 무너지지 않는 교회가 되는 것입니다.

형제를 사랑하는 마음

교회의 기둥이 되려면 형제를 사랑하는 마음을 가져야 합니다.

교회는 사랑의 공동체입니다. 그런데 그 교회에서 사랑이 결여되면 인간의 집단은 될지라도 교회는 될 수 없는 것입니다.

요한계시록 2장 4~5절에 보면 주께서 이렇게 말씀하셨습니다.

어느 날 영국의 탐험가 '색클턴Ernest Shackleton'이 대원들과 함께 남
극을 탐험하는 가운데 아주 위급한 상황을 당했습니다. 그는 대원들
과 함께 임시 대피소를 만들었습니다. 식량도 떨어져서 마지막 건빵
을 한 봉지씩 대원들에게 나눠주었습니다. 과연 대원들을 데리고 안
전지대에까지 무사히 가게 될 것인지를 생각하면 눈앞이 아찔해졌습
니다. 극도로 지친 대원들은 모두 잠이 들었으나 색클턴은 잠을 이루
지 못하고 있었습니다.

그때 누군가 움직이는 인기척이 들렸습니다. 가만히 살펴보니 한
대원이 다른 대원이 잠이 들었는지 살피고 빵을 훔치는 것이었습니
다. 실눈을 하고 그 모습을 지켜본 색클턴은 기가 막혔습니다. '나는
생사를 초월해서 너만은 믿을 수 있는 사람으로 의지했는데 이제 절
박한 상황이 벌어지니까 동료의 마지막 남은 건빵을 훔쳐 가느냐! 저
런 사악한 인간이 세상에 또 있을까?' 이렇게 생각하며 계속 그를 지
켜보고 있었습니다.

그러나 그는 잠시 후 큰 감동을 받지 않을 수 없었습니다. 옆의 동
지의 빵을 훔친 그 대원은 훔쳐온 건빵의 봉지를 열더니 자기의 봉지
에서 건빵을 꺼내어 동료의 봉지에다 채우는 것이었습니다. 그리고는
채운 봉지를 다시 슬며시 밀어서 주인의 머리맡에 올려놓고 누었던

교회는 지금 공사 중

것입니다.

밤에 일어나 동료의 봉지에 건빵을 넣는 행위는 건빵 하나가 귀한 시기에 참으로 귀한 행동이었습니다. "오른 손이 한 것을 왼 손이 모르게 한 사랑"이었습니다. 육지에서는 작은 사랑이라 할 수 있겠지만 식량 보급의 기약이 없는 상황인 남극 탐험 중에서의 이 사랑은 정말 눈물겨운 사랑입니다.

이 사실이 알려졌을 때 대장에게는 큰 감명을 주었고 대원들 간에는 공고히 뭉치게 하는 원동력이 되었습니다. 남의 봉지에 채우는 건빵의 사랑이 정말 귀하게 여겨졌습니다.

교회에도 이런 사랑이 필요합니다. 남에게 보이기 위한 봉사가 아닙니다. 진정으로 형제를 사랑하는 마음으로 자신의 것을 내어줄 줄 아는 자가 있어야 하는 것입니다. 그런 성도가 있는 교회는 희망이 있습니다.

교회를 위해서 자신의 것을 내어주되 자신의 이름을 내기 위해서가 아닙니다. 오직 성도를 위하는 것입니다. 오직 교회를 아끼는 마음으로 내어주는 사람이 필요한 것입니다. 모든 성도가 자기만을 위한다면 그 교회는 어떻게 되겠습니까? 그런 교회가 주님의 뜻을 드러낼 수 있겠습니까? 형제를 사랑하는 사람을 볼 때 성도들이 은혜를 받습니다. 그런 성도들을 볼 때 다른 성도들이 은혜를 받습니다. 온 교회가 그런 성도들을 본받으려고 할 것입니다.

사랑하는 행복한교회 성도 여러분!

세번째 이야기, **비전의 교회**

　　교회의 기둥이 되려면 형제를 사랑하는 마음을 가져야 합니다. 이런 성도가 있는 교회가 소망이 있습니다. 이 시대의 빛이 되는 것입니다. 이 시대의 기둥이 되는 것입니다. 그런 성도가 존경받는 교회가 될 때 교회에 소망이 있습니다. 성도는 교회로부터 어떤 것을 받기만을 바랄 것이 아닙니다.

　　오히려 자기의 것을 나누어줄 수 있는 사람이 되어야 합니다. 끊임없이 형제자매를 사랑하는 성도가 되어야 합니다. 나누어주고 베푸는 실천적인 삶이 있는 성도가 되어야 합니다. 그런 사람이 교회의 기둥 같은 성도입니다.

변하지 않는 굳건한 의지

　　교회의 기둥이 되려면 변하지 않는 굳건한 의지가 있어야 합니다.

　　기둥은 견고해야 합니다. 그 어떤 경우라도 움직이지 않아야 합니다. 자기가 서 있는 곳에 서 있어야 합니다. 변덕이 죽 끓듯 하는 사람은 기둥이 될 수 없습니다.

　　어떤 성도가 몇 달간의 전도 여행에 부름을 받았습니다. 그의 아내는 건강이 좋지 못했습니다. 그는 집을 나서서 나루터로 향하고 있었습니다. 조금 걷던 그는 발걸음을 멈춘 후 뒤로 돌아서서 집을 바라보았습니다. 그는 마음속으로 갈등하는 빛이 역력했습니다. 한참 머뭇머뭇하다가 그는 다시 나루터로 향하기 시작했습니다.

교회는 지금 공사 중

몇 달 후 그는 전도 여행에서 돌아와 그때의 심정을 다음과 같이 말했습니다. "내가 거기 섰을 때 나는 도와줄 사람도 없고 돈도 별로 없는 처자를 두고 갈 수 없다고 생각했습니다. 그래서 발걸음을 돌렸는데 성경 말씀이 생각났습니다.

그래서 다시 발걸음을 돌이켜 나루터에 갔습니다."

그 성도가 집을 떠나 몇 달씩이나 전도 여행을 한다는 것은 쉬운 일이 아니었습니다. 그의 아내는 건강이 좋지 않았습니다. 자녀들이 걱정이 되었습니다. "과연 그런 처지에 전도 여행을 떠나야 하는가" 하는 갈등도 없지 않았습니다.

그런 그가 전도 여행을 떠날 수 있었던 것은 성경 말씀대로 살겠다는 굳은 의지가 있었기 때문입니다. 하나님의 뜻대로 살아야 한다는 것을 그는 잘 알고 있었습니다. 그는 어려운 환경에도 불구하고 복음을 전하기 위해 먼 길을 떠났던 것입니다.

우리가 교회 일을 하다 보면 어려움을 많이 겪습니다. 더 이상 교회 일을 못할 처지에 이르기도 합니다. 교회에 나와서 헌신한다고 해서 알아주는 이가 없습니다. 일을 하면 할수록 더 많은 일이 맡겨집니다. 누구 하나 거들어주는 사람이 없을 때도 있습니다. 칭찬은 고사하고 공연히 오해를 받을 때도 있습니다.

그런 때에 그러한 것을 자기 십자가라고 생각하며 묵묵히 지고 가는 사람이 필요합니다. 교회가 바로 서기 위해서는 언제나 마음이 변치 않는 성도가 필요합니다. 그런 사람이 진정으로 교회의 기둥이 될 수 있습니다.

교회가 좀 마음에 안 든다고 이리 저리 옮겨 다니는 사람은 교회의 기둥이 될 수 없습니다. 자기의 형편만을 생각하고 이리 저리 자리를 옮겨서는 안 됩니다. 주님의 교회를 향한 마음이 한결 같아야 합니다.

사랑하는 행복한교회 성도 여러분!
교회의 기둥이 되려면 예수 그리스도 위에 튼튼히 서야 합니다.
교회의 기둥이 되려면 형제를 사랑하는 마음을 가져야 합니다.
교회의 기둥이 되려면 변하지 않는 굳건한 의지가 있어야 합니다.
교회에서 언제나 넘어지는 기둥이 되지 마십시오.
교회에서 변하지 않는 굳은 의지를 가진 성도가 되시기를 바랍니다.
기둥이 없는 교회는 상상할 수 없습니다. 튼튼한 기둥이 있는 교회는 미래가 있습니다. 텅 비어 가는 교회는 교회를 떠받치고 있는 기둥과 같은 사람이 없기 때문입니다.

여러분이 교회를 떠받치고 있는 기둥이 되시기를 바랍니다. 교회의 기둥으로서 예수 그리스도를 믿는 신앙고백 위에 분명히 서시기 바랍니다. 교회의 기둥으로서 자신을 희생하면서까지 형제를 사랑하는 성도가 되시기 바랍니다.

여러분들이 그런 성도들이 되어 다른 사람에게 은혜를 끼치는 사

교회는 지금 공사 중

람이 되시기를 바랍니다. 또 교회 생활을 하다가 힘들고 어려울 때마다 하나님의 말씀을 기억하면서 사명을 버리지 않는 귀한 성도들이 되시기를 주님의 이름으로 축원합니다.

새로워진 당신은
교회의 기초

신문이나 TV를 보면 하루가 멀다 하고 신상품들이 쏟아져 나오는 것을 보게 됩니다. 상품을 만들어내는 기업들의 연구가 계속 발전되기 때문입니다. 그리고 소비자들의 심리가 무엇인가 새로운 것을 바랍니다. 또한 더욱 나아진 것을 바란다는 요구가 한몫하기도 합니다. 그래서 늘 우리 주위에는 새것이나 강해진 것이 홍수처럼 밀려옵니다.

사람들은 새것에 대한 호기심이 있습니다. 새로운 것은 좀 더 성능이 진보되었을 것으로 믿습니다. 새것은 좀 더 편해졌을 것으로 믿습니다. 그래서 사람들은 새것이 이전 것보다는 훨씬 더 만족을 가져다줄 것으로 믿습니다. 즉, 새것에 대한 기대는 보다 나은 생활을 가져올 것이라고 믿는 것입니다.

이런 사람들의 심리는 자기 자신에 대해서도 마찬가지로 적용됩니다. 사람들은 끊임없이 자기 변신을 하려고 애를 씁니다. 남녀 모두가

교회는 지금 공사 중

화장을 합니다. 이 화장은 자신의 실제 모습보다는 조금 더 나아지고 싶어 하는 욕구입니다. 화장은 변화된 인간의 모습을 보여주고 싶어 하는 가장 기본적인 욕구입니다.

문제는 여자의 화장술이 조금 지나치게 되면 화장이 분장이 됩니다. 그리고 분장이 지나치면 변장이 된다는 데에 있습니다. 그래서 어느 일본 학자가 한국의 젊은 여자들의 화장을 보고는 변장을 넘어서 송장(?)인 것처럼 보였다는 비판도 있었습니다.

이런 인간의 끊임없는 변화를 위한 시도는 그 내면에 자신에 대해 만족하지 못하는 심리가 있음을 보여줍니다. 이전에 자신이 가지고 있는 것들에 대한 불만입니다. 출생에 대해서 불만족스런 부분이 있습니다. 학력에 대해서 불만입니다. 경력에 대해서 불평입니다. 외모나 성격 등에 대해 불만족스럽습니다. 그래서 조금이라도 가지고 있는 불만족스런 요소를 바꾸어서 더욱 나아진 모습으로 바꾸려는 노력인 것입니다.

인간은 기본적으로 우리가 믿고 있는 바대로 행동합니다. 그리고 그렇게 되려고 노력합니다. 그래서 인간은 끊임없이 외모를 바꾸어서 그 바꾸어진 상태로 살려고 애쓰는 것입니다. 또한 자신의 지위나 능력 등을 바꾸어서 그 바꾸어진 상태로 살려고 애쓰는 것입니다.

그런데 하나님 안에서 예수 그리스도의 십자가로 구원을 얻게 된 이후부터는 전혀 새로운 존재로서 살아가게 되었습니다. 이 '새로운 존재로서의 삶'에 관한 모든 내용이 바로 에베소서 1~3장까지에 자세하게 기록되어져 있습니다. 하나님의 은혜로 인하여 믿음으로 말미암아 구원을 얻게 된 모든 사람들이 갖게 된 영광스런 실존이 에베소서 1~3장의 주제인 것입니다. 즉, 그리스도 예수 안에서 완전히 새로워진 존재로서의 자기 정체성Identity을 보여주고 있습니다.

이 '새로워진 존재The New Being'의 삶의 모습은 어떠해야 합니까? 인간은 자신이 믿고 있는 바에 따라 행동하고 그렇게 살아갑니다. 만약 우리의 자아상이 우리가 예수 그리스도를 만나기 이전에 추구했던 그 잘못된 것들에 의해서 결정되어졌다고 생각해보십시오. 그러면 우리는 절망과 좌절의 삶을 살 수밖에 없게 됩니다. 그리고 불행의 삶을 살 수밖에 없게 됩니다.

그러나 우리의 자아상이 그리스도 예수 안에서 하나님과 가까워진 거듭난 존재라는 인식으로 이루어져 있다고 생각해보십시오. 그러면 우리의 삶은 창공을 나는 독수리치럼 무한대의 가능성과 높은 사존감을 갖고 살게 될 것입니다. 그렇기 때문에 우리는 우리의 모든 삶의 영역 속에서 예수 그리스도를 통해 갖게 된 이 새로워진 존재로서의 자아상을 심도 있게 음미해보아야만 합니다.

본문은 우리가 그리스도 예수 안에서 갖게 된 새로워진, 그리고 더욱 개선된 관계에 대한 몇 가지 중요한 내용을 보여줍니다. 즉, 예수 그리스도 안에서의 우리의 '새로운 정체성'입니다.

하나님 나라의 새로운 시민

"이제부터 너희는 외인strangers도 아니요 나그네도

교회는 지금 공사 중

우리가 예수 그리스도를 만나기 전에는 하나님의 나라 밖에 있었던 '외국인foreigners'이었습니다. 그리고 '나그네aliens'였습니다. 여기서 '외인'이라는 말은 말 그대로 자국민이 아닌 외국 사람을 의미합니다.

이 세상에는 보이는 세상 나라와 보이지 않는 하나님 나라가 있습니다. 예수 그리스도 안에서 거듭 태어난 사람만이 보이지 않는 하나님 나라의 시민이요 백성이 될 수 있습니다. 보이는 나라의 시민이 되려면 법적인 절차를 거쳐서 영주권 또는 시민권을 취득해야 합니다.

따라서 보이지 않는 하나님 나라의 시민 백성이 되려면 반드시 거쳐야 하는 절차가 있습니다. 그 절차는 예수 그리스도를 하나님께서 보내신 구세주로 믿어야 하는 것입니다. 예수 그리스도가 자신의 용서를 위해 십자가에 달려 돌아가신 것을 믿는다는 믿음의 고백을 해야만 합니다.

어느 나라의 시민이 되려면 시민권 자격 요건을 갖춘 후에 시험과 인터뷰를 합니다. 그리고 지문을 찍습니다. 마지막으로 그 나라의 국법 질서를 준수하고 명예로운 시민이 될 것을 법 앞에서 선서해야 합니다. 이렇게 선서를 하게 되면 이후부터는 그 나라의 국민으로서 모든 법적인 권리와 보호를 받습니다. 그리고 혜택을 누릴 수 있습니다.

그러나 이런 법적인 절차를 거치지 않고 그 나라에 살게 되면 불법 체류자가 됩니다. 아무런 법적인 혜택을 받을 수가 없습니다. 현재 우리나라에 체류하고 있는 약 20만 명 이상의 불법 체류 외국인 노동자들이 그런 사람들입니다. 그들은 어떤 경우에는 인간으로서의 가장 기본적인 생존권마저도 보장을 못 받게 됩니다.

이처럼 하나님 나라의 시민도 하나님 앞에서 그리고 그리스도 앞에서 고백이 있어야 합니다. 주님이 구세주이심을 시인해야 합니다. 그리고 고백한 후에 하나님 나라의 법을 준수하며 살겠다는 고백을 해야 합니다. 이렇게 고백하면 하나님 나라의 백성이 되는 것입니다. 그때부터 그는 하나님 나라의 모든 축복과 은총을 받을 수 있는 자격을 갖게 되는 것입니다.

"아들이 있는 자에게는 생명이 있나니……." 즉, 하나님 나라의 백성은 영원한 생명이 있습니다.

"네가 물 가운데로 지날 때에 내가 너와 함께 할 것이라 강을 건널 때에 물이 너를 침몰하지 못할 것이며 네가 불 가운데로 지날 때에 타지도 아니할 것이요 불꽃이 너를 사르지도 못하리니" (사 43:2)

하나님 나라의 자녀는 이 약속을 받을 수 있습니다. 죽어 천국에 가서 하나님과 영원히 살 수 있는 특전이 주어졌습니다. 그런데 우리가 이런 하나님 나라의 백성이 아니었을 때는 어떠했습니까? 즉, 하나님 나라 밖의 외인이었을 때에는 우리에게는 오직 어두운 미래만이 있었을 뿐입니다. 이 세상 나라가 가져다주는 혜택은 있을 수 있습니다. 그러나 하나님 나라의 시민으로 누릴 수 있었던 모든 것에서는 완전히 제외되어 있었던 것입니다.

그러나 지금 여러분은 바로 예수 그리스도의 보혈로 깨끗이 씻김을 받아 하나님의 자녀가 되었습니다. 그래서 하나님과 가까워졌습니다. 여러분은 완전히 그 신분이 바뀌었습니다. 여러분은 새로워졌습니다. 이제는 더 이상 이 세상 나라의 시민만이 아닙니다. 이 세상 사람들은 죽어서 이 땅에 묻혀 썩고 말 것입니다. 그러나 여러분은 이 세상에서 죽어도 우리의 영혼은 영원히 하나님 나라에서 살 것을 믿습니다. 그래서 사도 바울은 이렇게 고백했습니다.

다음으로 '나그네aliens'입니다. 즉 "자기 집이 아닌 다른 곳에서 지내고 있는 사람"을 말합니다. 특히 성경에서는 정착할 곳이 없어서 이곳저곳을 방황하는 사람을 가리킬 때 이 단어를 사용합니다.

우리가 예수를 알기 전에는 세상이 가져다줄 수 있는 인생의 즐거움을 찾아서 이곳저곳을 기웃거리며 살았습니다. 어느 한 군데에 마음을 정하고 그곳에서 인생의 의미와 깊이를 찾지 못했습니다.

그러나 예수 그리스도를 만난 후 우리는 더 이상 이 세상의 즐거움에 기웃 기웃거리지 않습니다. 갈 곳이 없어서 빙빙 도는 빈 택시 같지 않습니다.

우리는 더 이상 나그네가 아닙니다. 그래서 성경은 아래와 같이 선언하고 있습니다. "우리는 성도들과 동일한 시민이라는 것입니다

세번째 이야기, 비전의 교회

fellow citizen with the saints." 여러분은 하나님 나라의 백성들과 함께하는 하늘나라의 시민입니다. 다시 말해서 더 이상 이 세상에 있는 외국인도 아닙니다. 더 이상 나그네도 아닙니다.

이미 하나님 안에서 하늘나라의 백성이 된 사람들과 같은 하나님 나라의 시민이 되었다는 것입니다. 즉, 이제부터는 이 세상에 속한 사람이 아닙니다. 이제부터는 새로운 하나님 나라의 일원이 되었다는 것입니다.

우리가 이 새로운 하나님 나라에 들어갔기 때문에 우리는 하나님과 새로운 관계를 형성하게 되었습니다. 이 새로운 관계는 하나님 나라의 백성들이 성도들과 맺게 되는 것입니다.

여기에서 우리는 하나님 나라의 백성들과 같은 문화를 유지하게 된 것입니다. 여기에서 우리는 하나님 나라의 백성들과 같은 신앙을 유지하게 된 것입니다. 여기에서 우리는 하나님 나라의 백성들과 같은 신분을 유지하게 된 것입니다.

사랑하는 행복한교회 성도 여러분!

이제는 자유하십시오. 이제는 하나님 나라의 시민이 되었습니다. 가슴을 펴고 사십시오. 어깨를 활짝 열고 사십시오. 하나님의 백성이 되었습니다. 이 얼마나 권세가 있습니까? 이 얼마나 자부심이 있습니까? 이제는 더 이상 외인도 아닙니다. 이제는 더 이상 나그네도 아닙니다. 이제는 하나님 나라의 시민이 되었습니다. 날마다 새롭게 새로워진 신분으로 인생을 승리하며 사시기를 바랍니다.

교회는 지금 공사 중

하나님의 새로운 가족

하나님께서는 새로워진 여러분을 하나님 나라의 백성으로 만드시는 것으로 그치지 않으셨습니다. 더욱 새로운 가족 관계로 삼아주셨습니다. 즉, 하나님의 가족의 일원으로 만드셨습니다. 그리스도 예수 안에서 우리 모두는 새로운 가족이 되었다는 것입니다.

한 나라 안에서 시민이나 백성은 중요합니다. 그러나 때로는 서로 그렇게 친밀하지는 않습니다. 그러나 우리가 하나님의 가족이라고 말할 때에는 다릅니다. 그것은 가장 친밀한 관계 속으로 들어가게 되었다는 것을 강조하는 것입니다.

따라서 우리 모두는 예수 그리스도 안에서 형제자매입니다. 바로 이 교회가 이런 형제자매들이 모여 하나님의 가족을 이루는 곳입니다.

하나님의 가족 안에서의 관계는 서로의 필요와 허물과 기쁨을 같이 나누고 도와주고 덮어줄 수 있습니다. 그리고 따뜻하게 상대방을 인정하고 매일 위로와 격려를 나눌 수 있습니다. 때로는 생각이나 지향하는 바가 다를 수 있습니다. 우리는 늘 의견이 맞는 것은 아닙니다. 그러나 다르다고 해서 상대방이 틀린 것은 아닙니다.

우리 모두는 서로 다른 다양성 속에서도 일치를 향한 하나님의 뜻을 찾을 수 있는 하나님의 자녀들 가족입니다. 세상 사람들은 서로 다르면 상대방이 틀렸다고 주장하고 갈라지면 그만입니다.

그러나 가족은 갈라설 수 없는 그 무엇이 있습니다. 바로 그것은 예수 그리스도의 피를 함께 나눈 형제자매라는 것입니다. 우리에게는 다름은 있을 수 있습니다. 그러나 분열은 존재할 수 없습니다. 예수 그리스도의 피는 바로 다름이 차이일 뿐입니다. 결국 그 상대방의 다름을 인정해줄 때 보다 아름다운 조화가 나중에 일어날 수 있음을 믿어야 합니다.

우리는 부모에게서 유전적으로 성격이나 외모를 이어받는 것이 보통입니다. 하나님의 영적인 가족들 가운데서도 우리는 하나님으로부터 이어받은 새로운 생명의 특징들과 성향 등을 갖고 있습니다.

따라서 이 말은 우리가 교회라는 믿음의 형제자매들이 모인 공동체의 일원이 되게 되면 달라집니다. 우리는 새로운 생명의 탄생이 가져오는 유기체적인 연합과 일치 속으로 들어가게 된다는 뜻입니다. 그래서 정말로 거듭난 하나님의 자녀들이 모인 믿음의 공동체 안에서는 그리스도의 본성과 하나님의 성품이 조금씩 성장하게 마련입니다.

그리고 하나님의 명령과 법에 자발적으로 우리들 자신을 순종하게 되는 것입니다. 우리 안에서 자연스럽게 서로를 향한 섬김과 봉사가 이어지게 됩니다. 다른 사람의 허물과 부족함을 사랑으로 덮어주고 싶은 마음이 생깁니다. 서로의 짐을 지어줌으로서 도와줄 수 있습니다. 그리고 이상하게 용서해주고픈 마음이 생깁니다.

왜 이런 마음이 들까요? 그것은 이미 우리 안에 계신 그리스도 예수의 성품이 우리 안에 유전적으로 있기 때문입니다. 하나님의 가족이기 때문에 가능합니다. 서로가 하나님의 성품을 영혼 속에 유전적으로 갖고 있는 형제자매이기 때문에 가능한 것입니다. 바로 이런 모습이 새로워진 나아진 여러분의 모습이어야 합니다.

사랑하는 행복한교회 성도 여러분!

우리는 그리스도의 피로 하나가 되었습니다. 둘이 아닙니다. 하나입니다. 한지체입니다. 한가족입니다. 형제자매입니다. 이 유기체적인 관계가 얼마나 귀한 것입니까? 그 누구도 나눌 수 없습니다. 분열시킬 수가 없습니다.

그럼에도 교회가 교회를 상대로 싸우고 있습니다. 형제가 형제끼리 싸우고 있습니다. 성도가 성도끼리 싸우고 있습니다. 그래서 세상에서 비난을 받고 있습니다. 교회의 신뢰도가 급격히 떨어지고 있습니다.

이제는 더 이상 외인들이나 나그네들이 싸우는 교회를 싫다고 합니다. 싸우는 교회를 외면합니다. 이제는 다시 한 번 회복해야 합니다. 우리는 하나님의 나라의 가족으로 서로 용서해야 합니다. 우리는 서로 사랑해야 합니다. 우리는 서로 신뢰해주어야 합니다. 우리는 서로 믿어주어야 합니다. 왜냐하면 우리는 한가족이기 때문입니다. 우리는 한형제이기 때문입니다. 우리는 한자매이기 때문입니다. 우리는 한교회이기 때문입니다.

성전을 이어가는 산 돌

새로워진 여러분이 하나님의 성전을 이어가는 산 돌입니다.

돌은 더 이상 성장하지 않습니다. 그러나 하나님의 성전인 교회는 새로워진 사람들이 서로 살아 있는 돌로서, 서로 연결되어져 거룩한 교회로서 자라가게 됩니다. 즉, 하나님의 교회는 어느 한 순간에 성장이 완성되는 것이 아닙니다. 어느 능력 있는 몇몇 사람으로 지어져 가는 것도 아닙니다. 교회는 친히 모퉁이 돌이 되신 예수 그리스도를 기준으로 해서 새로워진 사람들이 함께 모여 지어져 가는 것입니다being built together.

베드로전서 2장 5절에는 "여러분도 살아 있는 돌과 같이 되었으니 신령한 집을 짓는 데에 쓰이도록 하십시오. 그래서 예수 그리스도로 말미암아 하나님께서 기쁘게 받으실 신령한 제사를 드리는 거룩한 제사장이 되십시오"라고 말합니다.

그런데 이 산 돌은 모두가 모양이나 크기가 일정한 벽돌이 아닙니다. 어느 돌은 심긱형 모양입니다. 이느 돌은 네모입니다. 이느 돌은 둥글기도 합니다. 별의별 모양의 돌이 다 있습니다. 세상에서는 이런 돌로는 건물을 지을 수 없습니다. 그러나 하나님의 성전인 교회 안에서는 다릅니다. 그 어떤 모양의 돌도 살아 있기에 서로 맞춰가면서 아름다운 성전을 함께 지어갈 수 있습니다.

이것이 세상과 교회가 다른 점입니다. 교회 안에서는 모든 산 돌이 필요합니다. 교회 안에서는 모퉁이 돌이 되시는 예수 그리스도에 의해서 때로는 깎이기도 합니다. 때로는 덧붙여지기도 합니다. 그래서 함께 맞춰져서 교회를 지어 갑니다. 바로 예수 그리스도께서는 주님이 필요하신 대로 그 산 돌을 다듬습니다. 그리고 적재적소에 보내십니다. 마침내 서로 연결시키어 온전하게 쓰임 받도록 하십니다.

따라서 교회 안에서는 필요치 않은 사람은 아무도 없습니다. 내가 내 의지나 생각과 경험대로 주님을 섬기려고 할 수 있습니다. 그것이 주님의 교회 안에서 서로 맞춰지지 않아서 함께 지어져 가지 못할 수도 있습니다. 그러나 예수 그리스도께서는 교회 안에서 꼭 필요한 부분으로 다시 다듬어 가십니다.

주님의 목적은 그 새로워진 사람이 다듬어져서 유용한 존재로 쓰임 받게 되기를 원하십니다. 이렇듯 하나님께서는 새로워진 여러분을 통해 교회의 새로운 기초를 놓기 원하십니다. 하나님 나라의 기초를 놓기 원하십니다.

우리의 모양만 바꿔서는 안 됩니다. 우리의 심령이 변화되어져야 합니다. 이런 새로워진 여러분 때문에 행복한교회는 늘 서로가 연결되어져서 아름다운 성전을 만들어갈 수 있는 것입니다.

우리 모두는 너무나 귀한 분들입니다. 그 누구 한사람도 무시해서는 안 됩니다. 각각 지체입니다. 내가 부족한 것을 다른 사람이 가지고 있습니다. 내가 잘하는 것은 다른 사람을 도와주어야 합니다. 그래야 집을 지을 수가 있습니다. 아름다운 하모니를 이룰 수가 있습니다. 서로서로 짐을 지고 가야 합니다. 서로서로 힘이 되어주어야 합니다. 그래야 교회를 이루어갈 수 있기 때문입니다.

어느 한 사람만이 하는 것이 아닙니다. 우리 모두가 해야 합니다. 우리 모두가 세워가야 합니다. 그 아름다운 믿음의 공동체가 행복한 공동체입니다. 행복한교회를 통해서 새로워진 교회의 모습으로 새롭게 나아가기를 바랍니다.

사랑하는 행복한교회 성도 여러분!

우리는 하나님 나라의 시민이 되었습니다. 이제는 자유하십시오. 이제는 하나님 나라의 시민이 되었습니다. 가슴을 펴고 사십시오. 어깨를 활짝 열고 사십시오. 하나님의 백성이 되었습니다. 이 얼마나 권세가 있습니까? 이 얼마나 자부심이 있습니까? 이제는 더 이상 외인도 아닙니다. 이제는 더 이상 나그네도 아닙니다. 이제는 하나님 나라의 시민이 되었습니다. 날마다 새롭게 새로워진 신분으로 인생을 승리하며 사셔야 합니다.

우리는 그리스도의 피로 하나가 되었습니다. 둘이 아닙니다. 하나입니다. 한지체입니다. 한가족입니다. 형제자매입니다. 이 유기체적인 관계가 얼마나 귀한 것입니까? 그 누구도 나눌 수 없습니다. 분열시킬 수가 없습니다.

우리는 하나님 나라의 가족으로 서로 용서해야 합니다. 서로 사랑해야 합니다. 서로 신뢰해주어야 합니다. 서로 믿어주어야 합니다. 왜냐하면 한가족이기 때문입니다. 한형제이기 때문입니다. 한자매이기 때문입니다. 한교회이기 때문입니다.

우리 모두는 너무나 귀한 분들입니다. 그 누구 한 사람도 무시해서는 안 됩니다. 각각 지체입니다. 내가 부족한 것을 다른 사람이 가지고 있습니다. 내가 잘하는 것은 다른 사람을 도와주어야 합니다. 그래야 집을 지을 수가 있습니다. 아름다운 하모니를 이룰 수가 있습니다. 서로서로 짐을 지고 가야 합니다. 서로서로 힘이 되어주어야 합니다. 그래야 교회를 이루어갈 수 있기 때문입니다.

교회는 지금 공사 중

어느 한 사람만이 하는 것이 아닙니다. 우리 모두가 해야 합니다. 우리 모두가 세워가야 합니다. 그 아름다운 믿음의 공동체가 행복한 공동체입니다. 행복한교회를 통해서 새로워진 교회의 모습으로 새롭게 나아가기를 바랍니다.

교회에 귀히 쓰이는 그릇들

하나님의 교회는 혈통과 지역을 초월합니다. 국경과 시대를 초월합니다. 남녀노소를 초월합니다. 그리고 빈부귀천을 초월하는 곳이 바로 하나님의 교회입니다. 나라가 바뀌고 수많은 조직체들이 생성되었다가 사라져갑니다.

그러나 인류 역사 이래로 계속 이어져오는 기관이 있습니다. 그것이 바로 교회입니다. 바울은 이 교회를 큰 집이라고 표현하고 있습니다. 여기서 말하는 큰 집은 외적인 건물 크기를 의미하는 것이 아닙니다. 여기서 말하는 큰 집은 내용적이고 질적인 크기를 의미합니다.

바울은 왜 교회를 큰 집이라고 표현하고 있습니까? 바로 그곳이 하나님이 거하시는 집이기 때문입니다. 여기서 하나님의 교회는 범 우주적인 성격을 띠고 있습니다.

이 큰 집은 축복의 기관입니다. 이 큰 집은 은혜의 공동체입니다. 이곳을 통해 모든 인생에게 영생의 생명을 공급하기 때문입니다. 우리 모두 하나님께 귀하게 쓰이는 축복의 그릇들이 되시기를 소원합니다. 그럼 어떠한 그릇으로 준비되어야 합니까?

천히 쓰는 그릇

하나님의 교회에서는 귀히 쓰이는 그릇들도 있지만 때로는 천히 쓰는 그릇도 있습니다.

디모데후서 2장 20절에 보면 "……천히 쓰는 것도 있나니"라고 하였습니다. 이 그릇은 일상생활 속에서 흔히 사용되는 그릇입니다. 천하게 사용하는 그릇이기에 있으나마나한 그릇일 수도 있습니다. 때로는 이 그릇 때문에 오히려 큰 피해를 보기도 합니다. 천히 쓰는 그릇은 그릇의 소재에 따라 구분되는 것이 아닙니다. 질의 문제입니다. 다듬어지지 않은 성품의 문제입니다. 그럼 성경은 어떤 사람이 천히 쓰는 그릇이라고 말씀하고 있습니까?

1. 말다툼을 좋아하는 사람입니다 (딤후 2:14)

이런 사람은 늘 분쟁을 일으킵니다. 그리고 감정을 기어이 말로써

다 표현하려고 합니다. 속에 담아두는 것이 없습니다. 감정을 삭이는 것이 없는 사람입니다. 이런 사람들이 그 어느 곳에라도 끼어들기만 하면 조용했던 모임이 시끄럽습니다. 다툼이 있습니다. 편당이 생깁니다. 분파가 생깁니다.

그래서 14절에도 이런 자들은 유익이 하나도 없다고 말합니다. 오히려 다른 사람을 망하게 하는 자라고 지적하고 있습니다. 우리는 말다툼을 조심해야 합니다. 기도하면서 감정을 다스려야 합니다. 참아야 합니다. 천히 쓰는 그릇이 되어서는 안 됩니다.

2. 망령되고 헛된 말을 추구하는 사람들입니다

천히 쓰는 그릇은 망령되고 헛된 말을 추구하는 사람들입니다. 이런 사람들은 내용이 없습니다. 그리고 거짓된 것을 좋아하기에 그들은 점점 경건치 아니한 곳을 나간다고 했습니다(딤후 2:16). 그들의 말은 악성 종양의 썩어짐 같다고 했습니다(딤후 2:17).

여기 '악성 종양'은 악종의 창질로 급히 번져 살을 썩히고 불과 몇 시간 이내에 죽게 하는 무서운 질병입니다. 헤롯이 이렇게 충에 먹혀 죽었다고 성경은 기록하고 있습니다. 이들은 진리에 대해서 잘못된 관점을 가진 사람들입니다. 그래서 다른 사람들의 믿음마저 무너뜨리려 하고 무너뜨립니다.

우리가 신앙생활을 하면서 경계해야 할 사람이 있다면 누구입니까? 바로 망령되고 헛된 말과 목표를 추구하여 사람들을 그릇되게 하는 천히 쓰는 그릇과 같은 사람들입니다. 교회 생활을 하면서 매사에

교회는 지금 공사 중

불평과 원망을 일삼는 사람들이 있습니다. 신앙생활 열심히 잘하는 사람들을 충동질합니다. 믿음에 상처를 주고 깨뜨리는 사람들입니다. 달콤한 말로 사람들을 현혹해서 자기 세력을 확장하려는 자들입니다. 하나님에 대한 섬김과 충성과 봉사에는 관심이 없습니다. 교회에 대해서 불평만 일삼아 자기 세력을 모으려는 자들입니다. 이런 불행한 사람이 되지 않기를 바랍니다.

사랑하는 행복한교회 성도 여러분!

우리는 천히 쓰는 그릇이 되어서는 안 됩니다. 분쟁을 일으키는 사람이 되어서는 안 됩니다. 사람을 이간질시키는 사람도 안 됩니다. 불평과 불만으로 분열을 시키는 사람도 안 됩니다. 이런 사람들은 자기 세력을 확장해가려는 것입니다. 이런 사람은 악성 종양과 같이 사람을 죽이는 것입니다. 무서운 사람들입니다. 가까이 해서는 안 될 사람들입니다.

귀히 쓰는 그릇

본문 20절에서는 귀히 쓰는 그릇을 금과 은의 그릇이라고 설명하고 있습니다. 금과 은의 그릇은 특별하게 만들어진 그릇입니다. 값이 나가는 그릇입니다. 하나님으로부터 부름을 받아 하나님께 충성을 다하는 사람들이 바로 귀히 쓰는 그릇입니다.

세번째 이야기, 비전의 교회

"주께서 이르시되 가라 이 사람은 내 이름을 이방인과 임금들과 이스라
엘 자손들에게 전하기 위하여 택한 나의 그릇이라" (행 9:15)

바울은 이처럼 하나님으로부터 택함을 받은 존귀한 그릇이었습니
다. 그러면 어떻게 우리는 하나님으로부터 귀히 쓰는 그릇으로 쓰임
을 받을 수 있습니까?

1. 자기를 깨끗케 해야 합니다(딤후 2:21)

누구든지 "이런 것에서 자기를 깨끗케 하라"고 했습니다. 여기서
이런 것은 앞에서 말하는 천히 쓰는 그릇들의 특징을 말합니다. 천히
쓰는 그릇의 특징을 버리고 자신을 깨끗이 하라는 말씀입니다. 더러
운 그릇에 좋은 음식을 담을 수 없듯이 성도는 하나님으로부터 쓰임
을 받기 위해서 거룩함(깨끗해짐)을 유지해야 합니다.

15절에서는 "부끄러울 것이 없는 일꾼"이어야 한다고 했습니다.
19절에서는 "불의에서 떠나는 자"라야 한다고도 했습니다. 하나님께
쓰임을 받기 위해서는 우리에게 죄로 인한 수치스러움이 없어야 합니
다. 우리의 죄를 철저하게 하나님께 회개하고 사죄의 은총을 받아야
합니다.

부끄럽다는 말은 이미 진리에서 벗어났음을 의미하기 때문입니다.
우리는 행위 구원을 믿지 않지만 구원받은 성도로서 정결한 삶을 살
아야 합니다.

요즘의 세상은 부끄러운 일을 하고도 부끄러움을 모른다는 사실이

우리에게 충격이 됩니다. 죄를 죄로 여겨 고민하지 않습니다. 깨끗함과 더러움의 차이가 무엇인지를 알지 못합니다. 부끄러움을 알지 못하는 세대에 우리는 살고 있습니다. 금과 은의 그릇으로 쓰임을 받기 위해서 우리는 부끄러울 것이 없는 믿음의 사람들이 되어야 합니다.

2. 진리의 말씀을 옳게 분별해야 합니다(딤후 2:15)

'진리의 말씀'이란 성경을 가리키는 말씀입니다. 우리는 하나님의 말씀을 깨닫기 위해 힘써야 합니다. 예배의 시간마다 말씀을 사모하여 받는 간절함이 불타올라야 합니다. 받은 말씀을 마음에 새기고 말씀의 지도를 받아 순종하며 교회의 모든 공적인 모임에 참여하여 하나님의 말씀을 잘 배우는 것이 중요합니다.

하나님의 말씀은 성도로 하여금 온전하게 합니다. 그리고 구원에 이르게 하기 때문입니다. 감사와 평안을 주고 행복을 경험하게 합니다. 은혜를 나르는 도구가 말씀이고 사탄을 무찌르는 무기가 말씀입니다.

3. 자신을 하나님께 드리기를 힘써야 합니다(딤후 2:15)

하나님께 자신을 드리는 사람은 헌신하는 사람입니다. 하나님께 충성하는 사람입니다. 주님의 일에 최선을 다하는 자입니다. 육에 속한 썩을 일을 도모하지 않고 영적인 일에 몰두하는 사람입니다. 하나님의 거룩한 일에 자신의 최대의 관심을 두는 사람입니다. 주를 위하여 사업을 합니다. 하나님을 기쁘시게 해드리는 가정을 만들기에 열심을 다합니다. 진리와 생명에 관한 일에 힘을 쓰는 사람입니다. 참된 헌신에는 말이 필요 없습니다. 오직 순종뿐입니다. 거룩한 행동뿐입니다. 하나님은 우리 자신을 하나님께 드리기를 원하십니다.

사도 바울은 이렇게 말씀합니다.

"그러므로 형제들아 내가 하나님의 모든 자비하심으로 너희를 권하노니 너희 몸을 하나님이 기뻐하시는 거룩한 산 제물로 드리라 이는 너희의 드릴 영적 예배니라" (롬 12:1)

우리는 우리 자신을 예배를 통해서 하나님께 드릴 수 있습니다. 이처럼 우리들이 자신을 하나님께 드리기 위한 예배생활에 승리하시기를 바랍니다.

4. 주인의 쓰심에 합당한 그릇이 되어야 합니다 (딤후 2:21)

우리는 주인이 사용하기에 편한 그릇이 되어야 합니다. 사용하기에 거북스러운 그릇이 좋아보여도 진열장의 그릇 이상이 되지 못합니다. 언제나 주께서 쓰시겠다 하실 때에 쓰임 받으실 수 있는 일꾼이 되어야 합니다. 주인이 쓰시기에 유용한 그릇이 되어야 합니다. 필요한 그릇이 되어야 합니다.

신앙생활에도 마찬가지입니다. 우리가 신앙생활을 하면서 서로에게 부담이 되는 분들이 있을 수 있습니다. 이런 분들에게는 말 한 마디도 조심을 해야 합니다. 가까이 하기에 상당히 조심을 해야 합니다. 이

교회는 지금 공사 중

런 분하고 조금만 있어도 피곤합니다. 그러나 어떤 분은 말하기도 편합니다. 혹시 말에 실수를 해도 그 중심을 알기에 이해할 수 있는 분들이기 때문입니다. 이런 성도는 아무리 만나도 부담이 되지 않습니다. 이런 성도는 마음이 편합니다. 이런 성도는 더 만나고 싶고 함께하고 싶어집니다.

우리는 하나님께 부담이 되는 존재가 되어서는 안 될 것입니다. 우리의 신앙이 참으로 아름다워 하나님이 부담 없이 쓸 수 있는 그릇들이 되어야 합니다. 언제나 어느 때나 사용할 수 있는 그릇이어야 합니다.

5. 선한 일에 준비된 사람이어야 합니다

우리는 이미 예수 그리스도의 은혜로 선한 일을 하도록 지음 받은 존재입니다.

"그가 우리를 대신하여 자신을 주심은 모든 불법에서 우리를 속량하시고 우리를 깨끗하게 하사 선한 일에 열심히 하는 자기 백성이 되게 하려 하심이니라" (딛 2:14)

모든 일에 쓰임받기에 만반의 준비가 되어 있는 사람은 하나님이 쓰시기에 합당한 그릇입니다.

모세는 하나님의 선한 일에 쓰임 받는 일꾼이 되기 위하여 40년의 왕궁생활과 40년의 광야생활이 있었습니다.

루디아는 빌립보교회를 세우기 위해 마케도니아의 첫 성 빌립보에 하나님께서 예비해두신 그릇이었습니다.

사르밧 과부는 3년 가뭄 동안 엘리야를 수종들 수 있도록 예비된 그릇이었습니다. 성경에는 하나님의 선한 일을 위해 예비된 신실한 성도들이 많이 기록되어 있습니다.

여러분이 섬기는 행복한교회는 하나님의 큰 집입니다. 건물의 외적인 것이나 성도의 수가 적을지라도 하나님의 큰 집입니다. 여기에는 금과 은 그리고 나무와 질그릇이 있습니다. 하나님이 천히 쓰는 그릇이 있는가 하면 귀한 존재로 쓰는 그릇이 있습니다.

지상교회는 알곡과 가라지가 공존합니다. 주님은 추수 때까지 그냥 놔두라고 했습니다. 하나님 앞에 귀하게 쓰이는 그릇이 되어 여러분의 삶을 통해 주님께 영광을 크게 돌려야 합니다.

사랑하는 행복한교회 성도 여러분!

하나님의 교회에는 귀하게 쓰는 그릇들이 있습니다. 귀하게 쓰는 그릇은 자기를 깨끗케 합니다. 천히 쓰는 그릇의 특징을 버리고 자신을 깨끗이 하라는 말씀입니다. 더러운 그릇에 좋은 음식을 담을 수 없듯이 성도는 하나님으로부터 쓰임을 받기 위해서 거룩함을 유지해야 합니다.

그리고 하나님의 교회에서 귀하게 쓰는 그릇은 진리의 말씀을 옳게 분별하는 사람입니다. 우리는 하나님의 말씀을 깨닫기 위해 힘써야 합니다. 예배의 시간마다 말씀을 사모하여 받는 간절함이 불타올라야 합니다.

교회는 지금 공사 중

그리고 하나님의 교회에서 귀하게 쓰는 그릇은 자신을 하나님께 드리기를 힘쓰는 사람입니다. 하나님께 자신을 드리는 사람은 헌신하는 사람입니다. 하나님께 충성하는 사람입니다. 주님의 일에 최선을 다하는 자입니다.

또한 하나님의 교회에서 귀하게 쓰는 그릇은 주인의 쓰심에 합당한 그릇이 되어야 합니다. 주인이 사용하기에 편한 그릇이 되어야 합니다. 사용하기에 거북스러운 그릇이 좋아보여도 진열장의 그릇 이상이 되지 못합니다. 언제나 주께서 쓰시겠다 하실 때에 쓰임 받으실 수 있는 일꾼이 되어야 합니다. 주인이 쓰시기에 유용한 그릇이 되어야 합니다. 필요한 그릇이 되어야 합니다.

그리고 하나님의 교회에서 귀하게 쓰는 그릇은 선한 일에 준비된 사람이어야 합니다. 우리는 이미 예수 그리스도의 은혜로 선한 일을 하도록 지음 받은 존재입니다.

이렇게 하나님께 귀하게 쓰임 받는 모든 성도님들이 다 되시기를 바랍니다.

나는 어떤 그릇입니까?

행복한교회는 축복의 기관입니다. 행복한교회는 은혜의 공동체입니다. 이곳을 통해 모든 인생에게 영생의 생명을 공급하기 때문입니다. 우리 모두 하나님께 귀하게 쓰이는 축복의 그릇들이 되시기를 소원합니다. 그럼 어떠한 그릇으로 준비되어야 합니까? 나는 어떤 그릇입니까? 천히 쓰는 그릇입니까? 아니면 귀히 쓰는 그릇입니까? 자기 자신이 하나님 앞에 그릇을 보여드려야 합니다.

우리는 말다툼을 좋아하므로 천히 쓰는 그릇이 되어서는 안 됩니다. 그리고 망령되고 헛된 말을 추구하는 사람이 되어서는 안 됩니다. 이런 사람들은 늘 분쟁을 일으킵니다. 그리고 감정을 기어이 말로써 다 표현하려고 합니다. 속에 담아두는 것이 없고 삭이는 것이 없는 사람입니다.

누구든지 이런 것에서 자기를 깨끗케 해야 합니다. 우리는 천히 쓰는 그릇의 특징을 버리고 자신을 깨끗이 해야 합니다. 더러운 그릇에 좋은 음식을 담을 수 없습니다. 성도는 하나님으로부터 쓰임을 받기 위해서 깨끗함을 유지해야 합니다.

우리는 하나님의 말씀을 깨닫기 위해 힘써야 합니다. 예배의 시간마다 말씀을 사모하여 받는 간절함이 불타올라야 합니다. 받은 말씀을 마음에 새기고 말씀의 지도를 받아 순종해야 합니다.

그리고 교회의 모든 공적인 모임에 참여해야 합니다. 하나님의 말씀을 잘 배우는 것이 중요합니다. 하나님의 말씀은 성도로 하여금 온전하게 합니다. 그리고 구원에 이르게 하기 때문입니다. 감사와 평안을 주고 행복을 경험하게 합니다. 은혜를 나르는 도구가 말씀이고 사탄을 무찌르는 무기가 말씀입니다.

사랑하는 행복한교회 성도 여러분!
우리는 주인의 쓰심에 합당한 그릇이 되어야 합니다. 우리는 주인이 사용하기에 편한 그릇이 되어야 합니다. 사용하기에 거북스러운 그릇이 좋아보여도 진열장의 그릇 이상이 되지 못합니다. 언제나 주께서 쓰시겠다 하실 때에 쓰임 받으실 수 있는 일꾼이 되어야 합니다. 주인이 쓰시기에 유용한 그릇이 되어야 합니다. 필요한 그릇이 되어야 합니다. 하나님 앞에 귀하게 쓰이는 그릇이 되어 여러분의 삶을 통해 주님께 영광을 크게 돌려야 합니다.

사랑하는 행복한교회 성도 여러분!

때로는 천히 쓰는 그릇도 있습니다. 그러나 천히 쓰는 그릇은 교회에 문제를 일으킬 수 있습니다. 우리는 천히 쓰는 그릇이 되어서는 안 됩니다. 분쟁을 일으키는 사람이 되어서는 안 됩니다. 사람을 이간질시키는 사람도 안 됩니다. 불평과 불만으로 분열을 시키는 사람도 안 됩니다. 이런 사람들은 자기 세력을 확장해가려는 것입니다. 이런 사람은 악성 종양과 같이 사람을 죽이는 것입니다. 무서운 사람들입니다. 가까이 해서는 안 될 사람들입니다.

우리는 하나님의 교회에서 모두 귀히 쓰이는 그릇들이 다 되시기를 바랍니다.

하나님의 교회에는 귀하게 쓰는 그릇들이 있습니다. 귀하게 쓰는 그릇은 자기를 깨끗케 합니다. 그리고 진리의 말씀을 옳게 분별하는 사람입니다. 우리는 하나님의 말씀을 깨닫기 위해 힘써야 합니다.

또한 귀하게 쓰는 사람은 자신을 하나님께 드리기를 힘쓰는 사람입니다. 하나님께 자신을 드리는 사람은 헌신하는 사람입니다. 그리

세번째 이야기, 비전의 교회

고 주인의 쓰심에 합당한 그릇이 되어야 합니다. 주인이 사용하기에 편한 그릇이 되어야 합니다. 선한 일에 준비된 사람이어야 합니다. 우리는 이미 예수 그리스도의 은혜로 선한 일을 하도록 지음 받은 존재입니다. 이런 사람들이 하나님의 교회에서 귀하게 쓰임 받는 사람들인 것입니다. 우리 모두 이렇게 귀하게 교회에서 쓰임 받는 성도님들이 다 되시기를 주님의 이름으로 축원합니다.

구역 교회의 꿈 

1953년 5월 29일 인류 역사상 처음으로 에베레스트산이 '에드먼드 힐러리 경'에 의해서 정복되었습니다. 에베레스트산을 정복하고 내려온 힐러리 경에게 많은 기자들이 몰려들어 물었습니다. 어떻게 해서 이 산을 정복할 수 있었습니까? 이 질문에 힐러리 경은 네팔 출신의 셸퍼인 '텐진 노르게이'를 바라보면서 말했습니다.

"이 사람 때문에 정상을 정복할 수 있었습니다. 내가 산을 정복하고 벼랑을 타고 내려오는데 내려오다가 밧줄이 끊어지면서 비상 로프를 놓치게 되었습니다. 비상 로프마저 놓쳐버리면 나는 벼랑에서 추락할 것이고 그러면 모든 것이 끝나는 순간이었습니다. 그 순간 노르게이가 자기의 로프를 던져서 그것을 붙들고 같이 내려오게 되었습니다."

기자들이 노르게이를 바라보면서 물었습니다. "참 대단한 일을 하였습니다. 어떻게 이렇게 하였습니까?" 노르게이가 대답을 하였습니

세번째 이야기, **비전의 교회**

다. "우리 등산하는 사람들은 항상 서로 돕지요. 우리는 어차피 운명의 끈으로 묶여 있으니까요."

이 이야기는 소그룹 공동체에 대한 정신을 말하고 있습니다. 우리가 추구하는 구역 교회의 꿈입니다. 서로 아름답게 도우면서 신앙의 정상을 정복하는 것입니다. 항상 서로 돕고 같이 살아간다는 의식입니다.

초대교회의 믿음의 정신이 바로 이 공동체 정신이었습니다. 사도행전 2장 42절 이하를 기억해보십시오. 그들은 사도의 가르침을 받았습니다. 서로 교제했습니다. 서로 떡을 떼며 기도하기를 전혀 힘썼습니다.

그리고 날마다 마음을 같이 하여 성전에 모이기를 다했습니다. 집에서 떡을 떼며 기쁨과 순전한 마음으로 음식을 먹었습니다. 하나님을 찬미하며 또 온 백성에게 칭송을 받으니 주께서 구원받는 사람을 날마다 더하게 하셨습니다.

이처럼 초대교회 교인들은 가르침 받기를 힘썼습니다. 아름다운 교제를 하기를 힘썼습니다. 날마다 마음을 같이 하기를 좋아했습니다. 집에서 서로 떡을 떼며 기쁨과 순전한 마음으로 사랑의 교제를 나누었습니다. 하나님께 찬미를 드렸습니다. 그랬더니 주님께서 구원받는 사람들을 날마다 더하게 하신 것입니다. 1세기 세상을 변화시키고 세상을 정복한 것입니다.

금년에 행복한교회의 구역 교회에도 꿈이 있습니다. 구역 교회를 통해서 우리가 변화하고 세상을 변화시키는 꿈입니다. 우리가 행복해

교회는 지금 공사 중

지고 세상을 행복하게 만드는 꿈입니다. 우리가 풍성하게 살며 세상 사람들에게도 그리스도의 풍성함을 주는 것입니다. 이 세상을 주님의 영원한 생명으로 가득 차게 하는 것입니다.

'폴 뚜르니에'는 말하였습니다. "이 세상에서 우리가 혼자서 할 수 없는 일이 두 가지가 있습니다. 하나는 결혼이요 다른 하나는 그리스도인으로서 사는 것이다."

우리들은 정말 서로에게 필요한 존재들입니다. 같이 살아야 하는 존재들입니다. 성경에서 교회를 집이라고 하였습니다. 가족끼리 서로 친밀한 것처럼 교회 안에서도 가족의 친밀함을 나누어야 합니다. 서로 둥그렇게 앉아서 서로를 알아보아야 합니다. 서로를 돌보아주어야 합니다. 서로의 삶을 공유해야 합니다. 도전과 도움을 받아야 합니다. 서로가 비밀을 이야기하고 죄를 고백해야 합니다. 서로를 용서하고 용서받아야 합니다. 서로 함께 울고 웃으면서 교제해야 합니다. 서로에 대해서 책임을 지며 서로를 점검해주어야 합니다.

믿음 생활은 일주일에 단 한 번 주일 아침에 예배 참석하는 것이 아닙니다. 일주일에 한 번 교회 의자에 앉아서 다른 사람들의 등을 쳐다보는 것이 아닙니다. 믿음은 서로가 서로를 의지하면서 사랑을 나누며 그리스도 안에 들어가는 것입니다.

우리는 구역 교회의 꿈을 이루어야 합니다. 서로 같이 이루어야 합니다. 생명의 꿈을 이루어나가야 합니다. 행복의 꿈을 이루어나가야 합니다. 아름다운 세상을 만드는 꿈을 이루어나가야 합니다. 그렇다면 어떻게 이 구역 교회를 만들어나갑니까? 우리가 어떻게 해야 이 구역 교회를 풍성하게 만들 수 있을까요? 행복한 구역 교회 공동체의 꿈을 이루기 위해서 성경이 주시는 지혜 몇 가지를 깊이 터득하고 실천해나가야 합니다.

서로의 다름을 존중

하나님은 우리를 높고 낮게 만드시지 않으셨습니다. 서로 다르게 만드셨습니다. 서로 독특하게 다르게 만드셔서 아름답게 하셨습니다. 그러나 사람들은 이 다름을 높고 낮음으로 생각합니다. 서로를 비교합니다. 서로 비교해서 우월의식을 갖기도 합니다. 그리고 열등감을 갖기도 합니다.

사람은 비교하는 것이 아닙니다. 외적인 조건에 의해서 평가하는 것도 아닙니다. 하나님이 만들어주신 대로 바라보아야 합니다. 서로의 다른 점을 존중하고 좋아해야 합니다.

성경은 사람들을 어떻게 보고 있습니까? 성경은 사람들을 은사에 따라 봅니다. 성경은 사람을 환경에 따라 보지 않습니다. 성경은 사람들을 은사에 따라 봅니다.

"그가 어떤 사람은 사도로 어떤 사람은 선지자로 어떤 사람은 복음전하는 자로 어떤 사람은 목사와 교사로 삼으셨으니" (엡 4:11)

성경은 우리 각자는 다 다른 은사가 있음을 말하고 있습니다. 하나님은 우리를 각각 다르게 만드셨습니다. 고린도전서 12장 10절을 봅시다.

하나님은 우리 모두에게 다 각자 다른 모습을 주셨습니다. 사람들이 다 다릅니다. 어느 한 사람 같은 사람이 없습니다. 어느 누가 우월하고 어느 누가 못하고도 없습니다. 모두가 다 요긴하고 소중합니다. 이것을 우리는 지체의식이라고 합니다. 모두가 다 한 형제요 자매인 것입니다.

몸에는 여러 가지 지체가 있습니다. 손도 있습니다. 발도 있습니다. 눈도 있습니다. 입도 있습니다. 여러분! 이 중에서 어느 것이 중요합니까? 지금 저는 주로 손과 입을 사용하고 있습니다. 그렇다면 발은 중요하지 않을까요?

손이 발더러 말합니다. "야! 너는 무엇하고 사냐? 날마다 어두운 동굴 같은 어두움에서만 살고 밖에 한번 나오면 사람들이 냄새가 난다고 싫어하잖아! 너 무슨 재미로 사냐? 넌 매일 맨 아래에 있으니 너는 무슨 가치가 있냐?" 정말 발이 가치가 없을까요? 냄새난다고 늘 구박만 받고 살아야 하는 천덕꾸러기일까요?

여러분! 발 한번 아파보세요. 발가락 하나만 없어보세요. 걷지를 못합니다. 발은 우리 인생을 떠받치고 있는 소중한 것입니다. 옆에 계신 분들 한번 바라보세요. 바라보셨습니까? 옆에 계신 분이 얼굴이 없다고 생각해보세요.

하나님은 우리를 각각 다르게 만드셨습니다. 하나님의 형상을 닮았으되 다 다릅니다. 다르다는 것은 우리 모두가 다 필요하고 소중한 존재들이라는 것입니다. 그러므로 여러분 서로 비교하지 마십시오. 비교하면서 서로 우월의식을 가지지 마십시오. 열등의식도 가지지 마십시오. 우리는 시로 필요한 존재들입니디. 우리는 서로 소중한 존재들입니다. 우리는 서로 비교하는 존재들이 아닙니다.

비교하기 시작할 때 어떤 일이 생기는지 아십니까? 우리의 공동체가 깨지기 시작합니다. 우리가 스스로 신앙의 길에서 벗어나기 시작합니다. 비교하면 다음과 같은 5가지의 병이 생깁니다.

첫째, 비교하면 아무리 많이 가진 자라도 만족할 줄 모릅니다. 상대적으로 늘 빈곤하게 삽니다.

둘째, 비교하면 내가 가진 것보다는 못 가진 것에 집착합니다.

셋째, 비교하면 비교하고 싶은 것만 비교합니다. 그래서 항상 좋지 않은 것들만 비교합니다.

넷째, 비교하면 하나님이 내게 원하시는 일들을 못 보게 합니다.

다섯째, 비교하면 예상치 못한 행동을 하게 됩니다.

사랑하는 행복한교회 성도 여러분!

비교 의식은 우리가 그리스도 안에서 매일 이겨내야 하는 영적 싸움의 대상입니다. 우리는 서로 비교하면 안 됩니다. 서로가 서로에게 아주 소중한 존재입니다. 우리에게는 서로 하나님이 주신 은사가 있습니다. 하나님은 나에게 고유한 일을 맡기십니다. 하나님은 나로 열매를 맺게 하십니다.

그러므로 존경해야 합니다. 존중해야 합니다. 성도들 간에도 존중해야 합니다. 부부 간에도 존중해야 합니다. 심지어 어린아이들에게도 존중해야 합니다.

존중하십시오. 서로가 서로를 존중할 때 행복이 찾아옵니다. 존중할 때 풍성해집니다. 비교하는 사람은 광야와 같은 사람입니다. 존중하는 사람이 풍성합니다.

구역 교회의 꿈을 이루기 위해서 첫째, 서로의 다름을 알고 존중해 주어야 합니다. 둘째, 왜 하나님께서 우리들에게 다른 은사를 주셨는가를 이해하여야 합니다. 왜 각각 다른 은사를 주셨을까요?

사람을 세우기 위함

교회 사역의 주체는 목회자가 아닙니다. 평신도들입니다. 평신도들이 하나님이 주신 은사에 따라 서로를 온전케 세워 봉사의 일을 할 때 행복한 교회의 꿈이 이루어집니다.

하나님이 우리에게 은사를 주신 이유가 무엇입니까? 비교하지 말고 서로 존중하며 세워주고 키워주라는 말입니다. 즉, 양육해주라는 말입니다. 이것이 구역 교회의 두 번째 꿈인 '세움'입니다.

11절에 보면 각각 은사별로 바울이 말했습니다. 사도와 선지자, 복음 전하는 자, 그리고 목사와 교사입니다. 목사와 교사는 한 의미입니다. 목사는 가르치면서 사람들을 양육하는 자라는 말입니다. 그런데 이렇게 서로 다른 은사를 주신 이유기 무엇입니까? 그것은 성도를 온전케 세우기 위해서입니다.

'웨이스 테드만'은 이 네 스타일의 교회 지도자를 우리 몸의 네 가지 시스템으로 비교하였습니다. 사도는 우리 몸의 골격입니다. 사도가 하는 일은 교회의 골격을 세우는 일입니다.

선지자는 우리 몸의 신경체계입니다. 신경체계는 머리로부터 명령을 받아서 온 몸에 전달하듯이 선지자는 하나님의 말씀을 받아서 백성들에게 전합니다.

복음전도자는 소화기관입니다. 음식을 먹을 때 상에 아주 맛있는 밥과 반찬이 있습니다. 밥과 반찬이 아무리 맛이 있어도 먹지 않으면 나와 아무런 상관이 없습니다. 그러나 먹으면 밥과 반찬이 내 몸에 들어와 피가 되고 살이 됩니다.

이것이 복음전도자의 역할입니다. 복음이 그대로 있으면 사람들과 아무런 상관이 없습니다. 이들에게 복음을 전하여줄 때 이 복음이 그들에게 들어가 생명이 되는 것입니다.

목사와 교사는 순환기관입니다. 우리 몸은 피가 돌면서 영양을 공급해줍니다. 피를 잘 공급할 때 온 몸이 건강한 몸이 됩니다. 이것이 목사와 교사의 역할입니다. 목사는 말씀을 잘 전달하고 이 말씀을 잘 가르칩니다. 이 말씀들을 통해서 교인들을 건강한 신앙인으로 만들어 나갑니다.

그런데 이 네 지도자들이 하는 일의 공통점이 무엇입니까? 12절에 무엇이라 하고 있습니까? 성도를 온전하게 한다 하였습니다. 성도를 온전하게 하여 그들로 봉사하게 합니다. 그들로 교회를 세워나가게 합니다.

여기 봉사란 말은 사역을 한다는 말입니다. 그러니까 교회 지도자들이 하는 일은 성도들을 세워서 그들로 교회 사역을 하게 하고 교회를 세워나가도록 하는 것입니다. 목사가 사역하는 것이 아닙니다. 목사는 교인들을 사역하도록 준비시키는 일을 합니다. 목사가 교인들을 도와서 교인들이 사역을 하여 교회를 세워나가는 것입니다.

때로 교인들에게 이런 감사의 말씀들을 듣습니다. 저희들이 목사님을 열심히 돕겠습니다. 참 감사한 말입니다. 그러나 이것은 성경적인 것이 아닙니다. 오히려 제가 여러분들한테 말씀을 드리는 것이 성경적입니다. "김 집사님, 힘을 내십시오. 집사님께서 행복한 사역을

하시도록 최선을 다해서 도와드리겠습니다." 저는 여러분들을 세워
드리고 준비시켜 드립니다.

그리고 여러분들은 사역을 하셔서 구역 교회를 세워나가는 것입니
다. 구역 교회를 이루어나가시는 것입니다. 이것이 사람을 세우는 이
유입니다. 이것이 구역을 세우는 이유입니다. 이것이 교회를 세우는
것입니다.

사랑하는 행복한교회 성도 여러분!

목회자들은 여러분들을 준비시키는 일을 합니다. 사역의 주체는
여러분들입니다. 손은 손의 자리에서 사역을 아름답게 감당하는 것입
니다. 발은 발의 자리에서 사역을 아름답게 감당하는 것입니다. 입은
입의 자리에서 사역을 아름답게 감당하는 것입니다.

순장은 순장의 자리에서 사역을 아름답게 감당하는 것입니다. 구
역장은 구역장의 자리에서 사역을 아름답게 감당하는 것입니다. 교사
는 교사의 자리에서 사역을 아름답게 감당하는 것입니다. 찬양대는
찬양대의 자리에서 최선을 다해서 사역을 하는 것입니다. 이러할 때
행복한교회는 행복한 예수 공동체의 꿈을 이룰 것입니다. 행복한 구
역 교회의 꿈을 이룰 것입니다.

구역 교회의 꿈은 어떻게 이루어집니까? 서로 은사들을 존중할 때
입니다. 그리고 이 은사를 통해서 사람을 세워나갈 때입니다. 그렇다
면 셋째로 은사를 주신 목적이 무엇입니까? 그 목적은 그리스도가 충
만하게 하기 위함입니다.

교회는 지금 공사 중

그리스도가 충만

교회의 머리는 그리스도이십니다. 그리고 교회의 주체는 사람입니다. 사람은 사람이되 그리스도를 닮은 사람입니다. 우리는 교회 공동체 안에서 서로 존중하면서 사람을 양육해나갑니다. 이는 세워서 사역을 하도록 하기 위함입니다. 그런데 사역을 주체적으로 감당하기 위해서 어떤 사람이 필요합니까? 어떤 사람을 만들기 위해서 사람을 세우는 것입니까? 그리스도를 닮은 사람입니다. 그리스도가 충만한 사람입니다. 사람을 그리스도의 사람으로 세우는 것이 은사를 통해서 사람을 세우는 목적입니다.

"우리가 다 하나님의 아들을 믿는 것과 아는 일에 하나가 되어 온전한 사람을 이루어 그리스도의 장성한 분량이 충만한 데까지 이르리니" (엡 4:13)

미국에서 아주 큰 영향을 끼치고 있는 교회 중의 하나인 새들백교회의 '릭 워렌' 목사가 쓴 책 가운데 《새들백 교회의 이야기》라는 책이 있습니다. 이 책에서 릭 워렌 목사는 말합니다.

"교회는 여러 종류의 교회가 있다. 어떤 교회는 조직이 이끌어간다. 어떤 교회는 전통이 이끌어간다. 우리 교회는 옛날부터 이렇게 해왔다고 하면서 전통을 말한다. 어떤 교회는 헌법이 이끌어간다. 어떤 교회는 위원회가 이끌어간다. 그러나 진정 건강한 교회는 목적이 이끌어가는 교회이다.”

교회는 목적이 이끌어가야 한다는 말입니다. 목적을 잃어버리면 교회는 곧 비본질적인 교회로 빠진다는 말입니다.

교회에서 교인들을 은사를 통해 세워서 사역을 하게 하는 목적이 무엇입니까? 그것은 그 사람의 신앙을 성숙시켜 예수님을 닮아가도록 하기 위함입니다. 그리스도가 충만한 삶을 살도록 하기 위함입니다. 이것이 바로 우리 교회가 추구하는 목적이요 꿈입니다. 행복한교회는 사람을 세워서 행복한 예수 공동체로 만드는 교회입니다.

교회는 빌딩으로 구성되지 않습니다. 교회는 사람으로 구성됩니다. 사람은 사람이되 그리스도를 닮은 사람입니다. 그리스도로 충만한 사람입니다. 신의 성품에 참여하는 사람으로 구성이 됩니다.

교회는 조직 이상의 공동체입니다. 교회의 본질은 조직과 행정과 전통이 아니라 사람입니다. 교회는 사람을 섬기는 사람으로 세우는 곳입니다. 사람을 진리의 사람으로 세우는 곳입니다. 사람을 사랑의 사람으로 세우는 곳입니다. 사람을 세우기 위해서는 어떤 것도 아껴서는 안 됩니다.

그런데 사람을 세우되 어떤 도구를 통해서 세웁니까? 두 가지 도구를 통해서입니다. 진리와 사랑입니다.

“오직 사랑 안에서 참된 것을 하여 범사에 그에게까지 자랄지라 그는 머리니 곧 그리스도라” (엡 4:15)

교회는 지금 공사 중

여기 사랑 안에서 참된 것을 하라 하였습니다. 사랑과 참된 것과 진리를 말합니다. 사랑과 진리로 사람을 세우라는 것입니다.

진리는 무엇입니까? 세상에 빠지지 않는 것입니다. 바른 길로 가게 하는 하나님의 말씀입니다. 하나님께로 늘 나가는 기도입니다. 즉, 사람을 세우는 도구는 말씀과 기도입니다.

사랑은 무엇입니까? 성령의 역사입니다. 성령의 충만입니다. 성령 충만하지 않고는 하나님의 사랑을 할 수 없습니다.

그런데 오늘 말씀은 이 사랑과 진리에 대해서 말하기를 사랑 안에서 진리, 곧 말씀과 기도를 행하라 하고 있습니다. 이것은 무슨 말씀입니까? 사랑이 없으면 진리는 아무것도 아니라는 말입니다. 사랑이 없으면 말씀과 기도의 삶이 아무것도 아니라는 말입니다.

사실 그렇습니다. 구역 교회를 잘 섬길 수 있는 비결이 무엇인지 아십니까? 진리를 많이 알아서가 아닙니다. 성경을 많이 알아서 잘 가르치는 것만이 아닙니다. 기도를 아주 많이 해서 능력 있는 기도를 해야 할까요? 아닙니다. 성경은 좀 몰라도 이끌어갈 수 있습니다. 기도는 좀 못해도 이끌어갈 수 있습니다. 우리가 사랑을 잘하면 얼마든지 구역 교회를 섬기며 이끌어갈 수 있습니다.

'리빙스턴' 전기 가운데 이런 이야기가 있습니다. 어느 분이 리빙스턴의 전기를 쓰기 위해서 아프리카에 갔습니다. 가서 한 추장을 만났습니다. 그분에게 물었습니다. 리빙스턴에 대해서 기억되는 것 한 가지를 말해주십시오. 그러나 그 추장이 말했습니다. "저는 그분이 무엇을 가르쳤는지 기억하지 못합니다. 그러나 한 가지는 분명히 기억

합니다. 그는 우리를 사랑했습니다."

사람을 그리스도로 닮은 사람으로 만드는 가장 아름다운 길이 사랑입니다. 사랑 안에서 진리를 행하는 것입니다. 중풍 병자를 네 명의 친구들이 잡고 나왔던 것처럼 구역 교회 안에서 약하고 병든 자들의 손을 잡아주면서 서로 사랑하는 것입니다.

예수님께서 말씀하셨습니다.

"예수께서 이르시되 네 마음을 다하고 목숨을 다하고 뜻을 다하여 주 너의 하나님을 사랑하라 하셨으니 이것이 크고 첫째 되는 계명이요 둘째도 그와 같으니 네 이웃을 네 몸과 같이 사랑하라" (마 22:37~39)

시인 '박종화' 씨도 그의 시 '사랑은 어떻게 오는가'에서 이렇게 노래했습니다.

"시처럼 오지 않는 건 사랑이 아닌지도 몰라 가슴을 저미며 오지 않는 건 사랑이 아닌지도 몰라 눈물 없이 오지 않는 건 사랑이 아닌지도 몰라"

서로 사랑하되 가슴 저미며 그리고 눈물을 흘리면서 사랑하십시오. 마음을 다하고 목숨을 다하고 뜻을 다하여 사랑하십시오. 서로 손을 잡으면서 사랑하십시오. 서로의 마음을 나누면서 사랑하십시오. 서로 끌어안아 일으켜 세워주면서 사랑하십시오. 그러면 무엇이든지 다 이룰 수 있습니다.

사랑하는 행복한교회 성도 여러분!

행복한교회는 더 풍성하고 아름다운 예수 공동체를 이루기 위해서 금년에 우리 모두가 서로의 삶을 나누므로 모든 교인들이 영원한 생명을 누리고 이웃에게 행복을 선물로 주며 이 세상을 아름답게 만들어나갈 것입니다. 여기에 모두 참여하십시오. 교회에서 앞으로 조직하고 이루어주는 대로 참여하십시오.

그러기 위해서 구역 안에서 서로 비교하지 마시고 존중하십시오. 있는 대로 사람을 세워서 사역에 참여하도록 하십시오. 그리고 우리 모두가 그리스도를 닮은 사람이 되도록 애쓰고 힘쓰십시오. 사랑과 진리를 통해서 그리스도로 충만케 되십시오.

마침내 여러분과 여러분의 구역을 통해서 하나님의 크신 손길을 맛볼 것입니다. 교회가 회복될 것입니다. 공동체가 회복될 것입니다. 가정이 회복될 것입니다. 지역과 민족이 회복될 줄로 믿습니다.

회복하는 교회

교회는 지금 공사 중

바람 한 점 없는 화창한 날 강변에 서 있으면 문득 강물이 어느 쪽으로 흐르고 있는지 방향 감각을 상실하게 됩니다. 하지만 바람이 거세게 부는 날이면 출렁이는 강물은 자신이 어느 방향으로 흘러가는지를 금방 알려줍니다.

우리의 삶도 마찬가지입니다. 우리의 공동체도 마찬가지입니다. 마냥 고요하기만 할 때는 목적과 방향을 놓칠 때가 있습니다. 그러다가 위기를 만나게 되면 인생이나 공동체가 가야 할 방향을 되찾게 됩니다.

지금은 가정도 교회도 위기라고 합니다. 기업도 나라도 위기라고 합니다. 이때는 공동체가 나아가야 할 방향과 목적을 새롭게 해야 할 때입니다.

공동체는 가족입니다. 또 다른 가족인 VIP들을 품고 사랑해야 합니다. 서로 교제하며 성장하고 서로 돕고 격려하고 섬겨야 합니다. 특히 교회 공동체의 가장 고상한 가치는 예배입니다.

그러나 한 가지 의문점이 있습니다. '하나님이 친히 세우신 우리의 가정에 왜 이토록 문제가 많은가? 하나님의 몸 된 교회에 왜 연약함이 있는 것입니까? 왜 우리가 신앙생활을 하며 때로는 갈등을 느껴야 되며 때로는 아픔을 겪어야 하는 것인가?' 하는 의문점입니다. 가끔 길을 가다 보면 이런 안내판을 볼 수 있습니다. "공사 중 불편을 드려 대단히 죄송합니다."

'건축 중', '공사 중'. 이 말은 이 땅에 있는 교회를 표현하는 적절한 단어가 아닐 수 없습니다. 지상에 있는 교회는 주님께서 재림하시는 그날까지 '공사 중' 입니다. 거기 있는 모든 성도들도 완성된 사람이 없습니다. 모두가 건축 중입니다. 모두가 치료 중입니다. 모두가 공사 중입니다. 주님 앞에 서서 그리스도의 후사가 되는 그날까지는 여전히 교회는 공사 중입니다. 그럼 어떻게 교회는 영적 공사를 잘할 수 있을까요?

문제없는 교회

서울에서 중소기업을 하던 아무개 씨는 전통적인 한 교회를 출석하게 되었습니다. 처음에는 아내를 따라 교회를 다녔지만 조금 교회 생활이 깊어지면서 교회의 속이 훤히 들여다보이기 시작했습니다.

교회에 오면 사랑을 받을 줄 알았는데 의외로 친한 사람들끼리 똘똘 뭉쳐 있었습니다. 사회적인 위치도 있고 하여 교회 임원의 역할도 해보고 싶은데 오래 다녔다는 사람들이 비집고 들어갈 틈을 안줍니다. 교회 짬밥이 군대 짬밥 못지않았습니다.

예수 믿는 사람들은 정직하게 살아야 되는 줄 알았는데 자신도 그렇게 살기가 힘이 들었습니다. 또 주변 사람들을 돌아보니 예수 믿는 사람들 가운데 정직하게 사는 사람도 별로 없어 보입니다. 안 믿는 사람들과 조금도 다를 바가 없어 보입니다. 교회에는 용서가 있으리라 믿었는데 교회 안에서도 투닥투닥 싸움하는 소리가 가끔은 들려옵니다.

아예 발을 쑥 빼고 냉소주의자가 되어 구경꾼처럼 신앙생활을 하던 차에 관산동 아파트로 이사를 오게 되었습니다. 집 앞에 마침 크지 않은 교회기 있이 등록을 하게 뇌었고, 능록을 하자마자 교회의 감투란 감투는 다 씌워줍니다. 얼마나 기다렸던 일이냐? 목사님과 손발이 척척 맞습니다. 목사님을 도와 내가 바라던 그 이상적인 교회를 이제 만들겠다고 다짐합니다. 그런데 웬일입니까. 1년이 채 되지 못하여 상처를 받기 시작합니다. 목사님도 이 사람이 내 목회에 걸림돌이구나 실망을 합니다. 서로 기대치가 높았던 만큼 서로 환멸을 느낄 수밖에 없습니다.

딴 교회를 찾아갔습니다. 그곳에서도 마찬가지로 실망과 상처를 경험합니다. 이 일로 부부 싸움이 잦아졌습니다. 그리고 부부가 합의하여 당분간 교회에 가지 않고 가정예배를 드리기로 했습니다. 그러나 가정예배도 몇 주 드리다가 흐지부지되고 맙니다.

교회는 지금 공사 중

그래도 교회를 버리기에는 신앙이 들었습니다. 교회를 포기할 수가 없었습니다. 그래서 어딘가에 좋은 교회가 있겠지 찾아보기로 했습니다. 사랑이 있는 교회를 찾아봅니다. 용서가 있는 교회를 찾아봅니다. 은혜와 감동이 있는 교회를 찾아봅니다. 그 이상적인 교회를 찾아 오늘도 헤매어봅니다.

그러나 어디에 가도 마찬가지입니다. 이제는 나를 반겨주는 교인이나 목사님의 환대마저 순수하게 받아들여지지 아니합니다. 교인으로 잡아두려는 위선으로 보입니다. 문제가 없어 보이는데 조금만 더 깊이 들어가면 또 문제가 있습니다. 하루는 냉소주의와 무관심주의가 되었다가 또 하루는 불평분자와 비판주의자가 되어 불행한 성도로 살아갑니다.

신앙생활에 행복을 잃어버리고 말았습니다.《공동체의 삶》을 보면 새들백교회 초창기 교인들이 20년이 지난 지금까지 60여 명이나 남아 있다고 릭 워렌 목사님은 좋아합니다. 그들이 아직도 새들백교회를 섬기고 있다는 사실을 놀라워합니다. 변화도 많고 시험거리도 많은 세상에서 한 교회를 10년, 20년 섬긴 것 하나 만으로도 존경받을 사람들이라는 것입니다.

사랑하는 행복한교회 성도 여러분!

문제없는 교회가 어디 있을까요? 아마 없을 것입니다. 이 지상의 교회는 완전하지 않습니다. 의인들만 있는 것이 아닙니다. 죄인들이 모여서 회개하고 거듭나는 장소가 교회입니다. 영적으로 치료받고 고침 받는 곳이 교회인 것입니다. 교회는 아직도 불완전합니다. 교회는 변화되어야 할 부분들이 많습니다. 교회는 제도들이 많습니다. 그래서 교회는 계속적으로 변화하고 있습니다. 내가 먼저 변하고 내가 먼저 거듭나야 하는 곳이 교회입니다. 그러면 어디를 가든 그 교회는 천국이 되는 것입니다. 교회도 행복해지고 우리도 행복해지는 것입니다.

이 땅의 교회는 아직도 공사 중입니다. 문제가 없는 의인들만 있는 교회는 없습니다. 문제는 내가 거듭나고 우리가 변화되어야 합니다. 거기에 사랑이 있습니다. 거기에 희망이 있습니다. 거기에 용서가 있는 것입니다. 이런 교회로 날마다 거듭나는 행복한교회가 되기를 바랍니다.

자기중심의 교회관

이 아무개 집사처럼 초대교회 성도들도 신앙생활을 시작하면 천국이 건설될 줄 알았는데 거기서 아픔과 상처를 겪게 되었습니다. 그래서 저마다 교회를 비판하는 소리가 이곳저곳에서 들려옵니다. 그러다가 정작 쓰러지고 넘어지는 사람은 비판하는 자기 자신이었습니다.

이방인이나 유대인들이 교회의 일원이 되면서 나름대로 교회론을 가지고 있었습니다. "교회는 이래야 한다. 교회는 저래야 한다." 마음대로 평가하고 비판했습니다. 이에 대해 사도 바울은 말합니다. 너희들은 이방인이요 무할례당이라 칭함을 받던 자들이었다. 아직도 시각

교회는 지금 공사 중

이나 가치관이 세상적이기 때문에 하나님의 교회를 너무 쉽게 말하지 않는 것이 좋겠다는 것입니다.

도대체 교회가 왜 이래? 너무 쉽게 하나님의 교회를 평가하거나 폄훼하지 말라는 것입니다. 고쳐야 한다면 오직 자기 자신을 날마다 고치며 살라는 것입니다.

성도들이 교회에 올 때 자기 나름대로 교회관을 하나씩 가지고 교회에 옵니다. '교회는 모든 사람들이 나를 보고 웃어주어야 할 만큼 친절해야 한다, 교회는 구제를 많이 해야 한다, 큰 교회는 작은 교회를 돕고 선교를 많이 해야 된다, 교회는 크게 성장해야 한다.' 등 이런 생각을 가지고 옵니다.

또 반대편에서는 '교회는 작아야 교회답다, 교회에 모일 때 큰 소리로 기도해야 교회가 뜨거운 교회요 좋은 교회다'라고 생각하고, 또 한편에서는 '교회는 신사적이어야 한다, 큰 소리로 기도하거나 야단스러우면 안 된다'라고 자기 나름대로의 교회관을 가지고 교회에 나옵니다.

그래서 자기 생각과 맞지 않으면 거의 무차별 사격에 가까운 비판을 합니다. 그러다가 자신의 교회 생활과 신앙이 위험 상태에 빠져듭니다. 교회에 상처를 냅니다. 교회에 분열을 야기 시킵니다.

이에 대해 사도 바울은 지금까지 너희들이 살아온 삶이나 지금 살아가는 가치관이나 헌신 등이 하나님의 몸 된 교회를 전체적으로 평가할 위치에 있지 않다는 것입니다.

오히려 하나님의 교회가 어떤 곳인지 배워야 합니다. 그리고 왜 교회 안에 연약성이 있는지 배워야 합니다. 그리고 왜 교회가 내 생각과 다른지 배워야 할 위치에 있다고 하는 것입니다.

어린아이에게도 나름대로 인생의 고난과 시험이 있습니다.

“엄마”, “맘마” 발음하기도 힘든데 작은 할머니가 오시더니 “작은 할머니 해 봐!” 하면 어렵습니다. 또한 여자 아이 남자 아이 가리지 않고 아무데서나 벗기고 기저귀 갈 때면 몹시 자존심이 상한답니다. 그리고 기는 것도 힘든데 고작 새우깡 하나를 미끼로 “일어서 봐, 걸어 봐” 할 때는 시험이 듭니다. 서둘지 말고 기다려주어야 합니다. 기지 못하고 걷지 못한다고 욕하면 안 됩니다.

이 세상에서 가장 두렵고 떨리는 마음으로 조심스럽게 접근해야 할 문제가 교회에 대한 이해입니다. 이제 갓 결혼식장에서 걸어 나오는 신부를 대하듯이 해야 합니다. 지금 막 엄마 뱃속에서 나온 아기를 대하듯이 조심해야 합니다. 경외감을 가지고 조심스럽게 대하지 않으면 안 됩니다. 그 고결함을 손상시킬 수밖에 없는 것이 하나님의 교회에 대한 관점입니다.

신학생 때는 세상 모든 교회들이 다 세속적으로 보입니다. 선배 목사님들이 속물로 보입니다. 그래서 신랄하게 교회를 비판하고 목회를 평가해보기도 합니다. 그러다가 자기가 목회 현장에 나와 목회를 해 보면 교회나 목회가 그렇게 녹록하지 않음을 깨닫게 됩니다.

목회 초년병 시절에는 선배들의 목회가 우스워 보입니다. 그러나 막상 내가 교회를 맡아 섬겨보면 셀 수 없는 문제에 부딪힙니다. 교인 10명만 모이면 거기 교회관 10개가 있습니다. 그렇게 쉽지 않은 것이 교회요, 목회라는 것을 깨닫기 시작합니다. 성장하는 교회에 이유가 있구나 하고 겸손해집니다. 이쯤은 양호한 목회자입니다. 정말 구제 불능인 목회자는 나하고 다른 상황들을 마구 비난합니다. 그래서 자기만 옳다는 것을 과시합니다.

교회는 눈에 보이는 교회가 있고 눈에 보이지 않는 교회가 있습니다. 눈에 보이지 않는 교회는 완전한 하나님의 나라입니다. 그러나 눈에 보이는 지상의 교회는 매우 불완전한 교회입니다.

우리가 교회를 생각할 때 혼란을 겪는 이유가 무엇입니까? 지상의 교회 지역교회가 완전해야 한다고 생각하는 데서 생긴 오해 때문이었습니다. 이 땅의 교회는 천사들이 모인 곳이 아닙니다. 이 땅의 교회는 죄인들이 모인 곳입니다. 끊임없이 죄와 싸우는 부족한 죄인들이 초청 받아 몰려온 곳이 교회입니다.

지상의 교회는 완전한 하나님의 나라가 아닙니다. 교회에 허물이 있다고 너무 쉽게 화를 내어서는 안 됩니다. 연약성이 있다고 너무 쉽게 화를 내어서는 안 됩니다. 내 마음과 취향에 맞지 않는다고 너무 쉽게 화를 내어서는 안 됩니다. 그 연약성은 너무나 당연한 것이기 때문에 그렇습니다.

부부 간의 이상향이 무엇인가를 의논할 수는 있습니다. 그러나 내 아내, 내 남편의 허물을 마구 비난하면 가정의 행복은 깨어지는 것입니다. 나라의 교육 정책을 비판할 수는 있습니다. 그러나 공부 못하는 내 자녀는 내 격려의 대상일 뿐입니다. 성도나 교회는 나의 사랑과 격려를 먹고 삽니다.

사랑하는 행복한교회 성도 여러분!

우리는 자기중심의 교회관을 버려야 합니다. 각 교회의 특성과 특징이 있습니다. 지역마다 다를 수 있습니다. 교회 역사에 따라 다를 수 있습니다. 복음은 다를 수 없습니다. 그러나 이 지상의 교회는 그 특성과 특징이 있기 때문에 다를 수 있습니다.

그러므로 우리는 자기중심의 교회관을 벗어버려려야 합니다. 그 교회의 비전과 목적과 방향성에 맞추어서 함께 협력하며 하나님의 나라의 뜻을 이루어나가야 합니다.

교회는 병원

과연 어떤 교회가 이상적인 교회일까요? 신구약 성경 가운데 가장 이상적인 교회론을 다룬 책이 에베소서입니다.

당시 소아시아 여러 교회 가운데 에베소교회는 이상적인 교회가 될 수 있는 소질을 가장 많이 갖춘 교회였습니다. 좋은 교회가 되려고 하면 창립자가 좋아야 합니다. 에베소교회 창립자는 사도 바울이었습니다. 바울은 사도였기 때문에 교회를 창립하고 또 다른 곳에 가서 세우고, 다시 다른 교회를 향하여 떠나곤 했습니다. 그런데 유독 에베소교회만큼은 교회를 창립한 이후 3년 동안 목회를 했고 또 처음 멤버들에게 소중한 제자훈련을 시켰습니다.

뿐만 아니라 에베소는 위치적으로 교회가 서기에 좋은 곳이었습니다. 에베소는 소아시아 지역의 교통중심지였습니다. 당시 7대 불가사

교회는 지금 공사 중

의 중 하나인 다이아나 신전이 세워질 만큼 문화의 중심지였고, 가장 큰 도시 가운데 하나가 에베소였습니다.

이처럼 에베소교회는 훌륭한 교회론에 대한 가르침이 있었습니다. 목회자가 훌륭했습니다. 위치적으로 아주 좋은 곳에 자리 잡고 있었습니다. 그런데 에베소서가 보여주는 에베소교회는 어떤 교회였습니까? 전혀 완전한 교회가 아니었습니다. 에베소서를 읽는 사람들에게 크게 실망을 주는 교회의 모습이었습니다.

말씀을 통하여 에베소교회가 어떤 교회인가 일면을 들여다볼 수 있습니다. 만약 여러분들이 자녀들과 핸드폰 통화를 하면서 "밥 잘 먹어라" 한다면 그 아이는 밥을 잘 안 먹는 아이일 것입니다. "밤에 일찍 들어오라"라고 말한다면 아마 귀가시간이 좀 늦은 아이라는 뜻입니다. 전화를 하다가 "오늘은 싸우지 말고 들어오라" 그렇게 이야기한다면 이 아이는 싸움을 자주 하는 아이라는 뜻입니다.

에베소서 4장 25절에 보면 바울은 "거짓을 버리고 각각 그 이웃과 더불어 참된 것을 말하라"고 했습니다. 무슨 뜻일까요? 에베소교회 안에 거짓과 진실하지 못함, 그리고 위선이 가득했다는 이야기입니다.

"분을 내어도 죄를 짓지 말며 해가 지도록 분을 품지 말고" (엡 4:26)

교회 안에 혈기 부리는 사람들이 있습니다. 교회 안에 걸핏하면 화를 버럭 내는 사람들이 있습니다. 교회 안에 성질 더러운 사람들이 가득했던 모양입니다.

당시 교회 안에 심지어 옆에 앉아 있는 사람 가방 뒤지고 도벽을 버리지 못하는 사람까지 있었습니다.

교회 안에 험한 소리를 하는 사람도 있었습니다. 교회 안에는 음담을 좋아하는 사람들이 있었습니다. 교회 안에는 이간질하고 흉보는 사람들이 있었습니다. 교회 안에는 헐뜯고 입술로 범죄하는 사람이 수두룩했다는 것입니다.

그 이전 2장에 보면 유대인과 이방인이 하나가 되지 못하여 갈등을 겪고 싸움하는 장면이 나옵니다. 이 모습이 이상적인 에베소교회의 모습이었습니다. 우리가 꿈꾸는 이상적인 교회는 성인들이 모여서 천국을 건설해놓고 살아가는 그런 그림이었습니다.

그러나 에베소교회가 말하는 이상적인 교회는 병원이었습니다. 교회 안에 아픈 사람들이 많이 있었습니다. 마음이 아픈 사람들이 있습니다. 교만한 사람들이 있습니다. 혈기 많은 사람들이 있습니다. 거짓을 버리지 못하는 사람들이 있습니다. 입이 가벼워서 걸핏하면 다른 사람들에게 상처를 주는 사람들이 많이 있었습니다.

때문에 교회 안에서 이런 사람을 만나도 놀라지 말아야 합니다. 왜 그렇습니까? 내가 바로 그중 한사람이기 때문에 그렇습니다. 내가 누구를 비판할 겨를이 없습니다. 교회에 흠이 있다고 마치 행복한교회가 다 타락한 것처럼 매도하거나 폄하하지 말아야 합니다.

이제 교회에 대한 생각과 개념을 바꾸셔야 합니다. 교회는 천국이 아닙니다. 교회는 병원입니다. 교회는 지금 공사 중입니다. 교회는 지금 치료 중입니다. 교회는 지금 영적 수술 중입니다. 만약 이 땅에서 살아가다가 한 완전한 교회를 만나시거든 여러분들은 절대로 그 교회에 등록하거나 그 교회 교인이 되어서는 안 됩니다.

왜냐하면 여러분이 그 교회 멤버가 되는 순간 그 교회는 흠이 있는 교회로 전락하고 말 것입니다. 그 교회는 아픔이 있고 갈등이 있는 교회로 전락하기 때문입니다.

사랑하는 행복한교회 성도 여러분!

교회는 병원이어야 합니다. 내가 치료받고 고침 받아야 합니다. 분냄과 거짓과 더러운 말과 도적질하는 삶에서 돌아와야 합니다. 회개해야 합니다. 성령의 불로 태워버려야 합니다. 말씀의 칼로 잘라내야 합니다. 말씀으로 수술해야 합니다. 상처를 주는 사람에서 상처를 감싸주는 사람으로 변해야 합니다. 나의 생각과 고집을 완전히 바꿔야 합니다. 그래야 흠이 없는 교회로 성장할 수 있습니다.

교회는 치료 중이며 공사 중

한 학생이 꿈에 숙제를 풀고 있었습니다. 문제인

즉 한 아이가 호랑이에게 쫓기다 낭떠러지 앞에 왔습니다. 이때 어떻게 해야 하느냐는 것입니다. 어떤 아이는 호랑이 눈을 뚫어져라 쳐다본다고 대답합니다. 또 어떤 아이는 죽은 척 한다고 대답합니다. 또 한 아이는 호랑이가 덮치는 순간 살짝 피하여 낭떠러지에 호랑이가 떨어지게 한다고 대답을 합니다. 드디어 선생님이 정답을 말씀하십니다. "정답은 말이야~" 그리고는 꿈을 깨었습니다.

왜 주님께서 세운 교회가 왜 이토록 약점과 허물이 많습니까? 정확한 정답은 말이야……, 아쉽지만 정답은 없습니다. 온전한 공동체가 이 땅에 존재한다는 것은 꿈입니다. 교회도 흠 많은 인간들의 모임이기 때문입니다.

그래서 우리가 서로 사랑하며 함께 성장해야 합니다. 우리는 서로 아껴주며 성장해야 합니다. 우리는 서로 격려하며 함께 성장하는 것입니다. 교회의 연약성을 어떻게 이해하고 어떻게 해결해야 할까요? 나를 들여다보면 됩니다. 그 흠과 연약성은 바로 내 안에 있는 것들이었습니다. 그래서 교회는 병원입니다. 따라서 나는 걸어 다니는 종합병원입니다. 생각하는 머리도 병들었습니다. 말하는 입술도 병들었습니다. 바라보는 얼굴도 병들었습니다. 손과 발도 병들었습니다. 가슴도 냉랭하게 병들었습니다.

좋은 병원은 언제나 많은 환자들이 몰려와서 치료를 경험하는 곳입니다. 병원은 환자들이 찾아오는 것을 좋아합니다. 딱히 돈을 많이 벌기 때문만은 아닙니다. 병원이 존재해야 하는 이유는 환자를 치료하는 데 있기 때문입니다.

자신이 부족하다고 생각하시는 분이 있습니까? 바로 그런 사람이 모이는 곳이 교회입니다. 교회는 죄인들이 찾아오는 곳입니다. 그들이 교회에서 치료를 경험하고 변화를 체험해야 합니다.

그래서 교회를 토막으로 잘라 놓고 보면 제대로 고침 받지 못한 사람들뿐입니다. 교회가 제 기능을 발휘하지 못하는 것처럼 보입니다. 때로는 지상의 모든 교회들이 이상이 있는 것처럼 보이기까지 합니다. 그러나 그것만 보이면 그는 아직 교회가 무엇인지 모르는 것입니다.

교회는 흠이 있습니다. 교회는 부족함이 있습니다. 교회는 상처투성이입니다. 그럼에도 불구하고 하나님의 교회입니다. 왜 그렇습니까? 이 교회 머리가 그리스도이시기 때문에 그렇습니다. 교회가 갈기갈기 찢겨진 것처럼 보입니다.

그럼에도 불구하고 세상의 모든 지상교회는 하나입니다. 교파가 달라도 하나입니다. 왜냐하면 하나 되게 하는 성령이 계시기 때문에 그렇습니다. 교회가 아무리 연약하게 보여도 영광스러운 교회입니다. 왜 그렇습니까? 그 교회 안에는 영광스러운 주님이 함께하시기 때문에 그렇습니다.

사랑하는 행복한교회 성도 여러분!

기억하십시오. 너도 환자요 나도 환자입니다. 병원에서 눈에 안대하고 나오는 사람이 다리 부러진 사람보고 비웃지 않습니다. 팔 부러진 사람이 맹장 수술하고 나온 사람 비난하지 않습니다. 서로 용납하는 것이 병원입니다. 그것이 교회라고 하는 것입니다. 어차피 인간은 영적으로 그리고 정신적으로 장애인입니다. 서로 불쌍히 여기며 사는 곳이 공동체입니다.

그래서 에베소서 4장 32절 마지막 절에 보면 이렇게 말씀합니다.

'자폐증' 딸을 둔 가정이 있습니다. 그 부모는 맞벌이 가정이었습니다. 제게 상담하기를 "이 아이를 어디에 좀 맡겨서 치료할 수 있는 방법은 없을까요?" 물었습니다. "그 아이는 부모의 사랑 안에서만 치유될 수 있습니다. 그 아이는 이 땅에 태어날 때에 가족공동체의 사랑을 받으며 자라도록 하나님께서 이 땅에 보내주셨습니다." 그래서 어머니가 직장을 휴직했고 아이를 돌보기 시작했습니다. 지금은 아주 많이 좋아졌다는 소식을 들었습니다.

우리가 서로 치료받는 분위가 되기 위해서는 가족적인 분위기가 되어야 합니다. 큰 교회 안에서 은혜로운 예배를 경험함과 동시에 영적 가족 목장 안에서 신령한 가족을 경험해야 하는 것입니다. 교회는 내 아픔을 자연스럽게 내어놓을 수 있는 자리입니다. 실수해도 용납이 되는 자리입니다. 잘못해도 용서하는 자리입니다. 서로가 다 환자입니다. 서로가 다 치료받아야 할 사람들입니다. 그런 사람들이 모인 곳이 바로 교회입니다.

그래서 교회는 병원입니다. 서로 의지해야 합니다. 서로 도와주어야 합니다. 서로 힘이 되어주어야 합니다. 왜냐하면 우리는 한가족이기 때문입니다. 주님 안에서 형제요 자매이기 때문입니다. 하나님의 피로 값 주고 산 거룩한 공동체이기 때문입니다.

우리는 한가족

교회는 그리스도의 몸입니다. 하늘나라 영광의 보좌에 앉아 계신 그분의 몸입니다. 만왕의 왕 되신 예수 그리스도의 신부입니다. 그 거룩하신 분의 신부의 얼굴에 상처를 낼 수는 없습니다. 신부의 옷을 찢고 더럽힐 수가 없습니다. 이 땅의 교회가 못나 보여도 소중한 주님의 신부입니다. 서로 귀하게 여기고 교회에 경외감을 가져야 합니다.

우리가 배운 가장 소중한 일이 무엇이었습니까? 가족을 사랑하고 교회를 사랑하는 것이었습니다. 에베소서 2장 13절을 보십시오.

"이제는 전에 멀리 있던 너희가 그리스도 예수 안에서 그리스도의 피로 가까워 졌느니라"

우리가 원하든 원치 않던 우리는 그리스도의 피로 가까워진 사람들입니다. 서로 돕고 서로 겸손히 도움을 요청해야 합니다. 서로 세워주고 붙들어줄 때 하나님 나라를 체험할 수 있게 됩니다.

그곳이 어디입니까? 가정입니다. 구역입니다. 소그룹입니다. 남의 탓하지 마십시오. 교회 탓하지 마십시오. 자기를 성숙시켜 나가면 자신도 치유를 경험할 수 있습니다. 다른 사람에게도 소중한 존재가 될 수 있습니다.

교회가 무엇입니까? 교회를 극장으로 이해하려는 사람들이 있습니다. 극장에서 영화를 관람하듯이 옆 사람에게 신경 쓸 필요 없이 공연 내용에만 집중하면 되는 곳이 교회라고 생각합니다. 그래서 예배나 설교를 통해 나 혼자 은혜를 체험하고 감동을 받으면 된다고 생각합니다. 그러나 교회 안에서 감동을 받는다는 것이 얼마나 소중한 일입니까? 교회 안에서 은혜를 체험한다는 것이 얼마나 소중한 것입니까? 교회 안에서 느낀다는 것이 얼마나 소중한 일입니까? 그것은 영원으로 이어지는 복일 수 있습니다. 그러나 나 혼자만의 은혜와 감동으로 끝난다고 하면 그 감동은 무책임한 감동이 되어버리고 마는 것입니다.

또한 교회를 학원으로 이해하려는 사람들이 있습니다. 이것저것 여러 강좌를 개설해놓고 내가 필요한 부분을 채우면 된다고 생각합니다. 이는 마치 백화점과도 같습니다. 좋은 물건 쌓아놓고 손님이 필요한 물건을 사가도록 합니다.

교회가 성도들의 필요를 채워준다는 것은 귀한 일입니다. 그러나 교회의 본래의 모습과 본질은 아닙니다. 필요를 채워서 무엇을 해야 될 것인가를 가르치는 자리까지 가야 합니다.

사랑하는 행복한교회 성도 여러분!
구원받은 성도는 하나님 나라 가족입니다. 모두 다 하나님의 자녀로 새롭게 태어난 한가족입니다. 가족은 위기 때에 서로 의지합니다. 아픈 사람들을 도와줍니다. 연약한 어린 자녀들을 잘 양육해주는 것입니다. 나에게는 당신이 필요하고 당신에게는 내가 필요합니다. 하나님께서 교회를 그렇게 디자인하셨습니다. 하나님께서 교회를 그렇게 창조하셨습니다.

오늘 여러분이 교회의 한가족이 되면 부족해도 좋고 모자라도 좋고 잘 몰라도 괜찮습니다. 하나님의 가족과 하나님의 품 안에 들어온 것입니다. 잘 오셨습니다.

치료 중인 공동체

이제 교회에 대한 이상이 분명해졌습니다. 교회가 무엇입니까? 교회는 가족이다. 치료중인 병원이다. 공사 중인 병원이다. 서로 치료하고 서로 세워주고 서로 돌봐주며 만들어가는 곳이다. 그래서 공사 중입니다. 아직도 공사 중입니다. 주님 오시는 그날까지 치료 중입니다. 공사 중입니다.

거기에는 반드시 변화가 있습니다. 어떤 때는 땅만 고르고 골조 공사만 계속되는 것 같지만 아파트가 완성되어 입주하는 날이 있게 마련입니다. 만일 신앙생활을 한다고 하면서 1년, 5년, 10년을 교회 다녀도 생활이 변화되지 않고 습관과 사고방식, 가치관의 변화가 없다면 교회 생활 잘못한 것입니다.

교회는 치료가 있는 병원입니다. 치료가 완성된 사람은 아무도 없

습니다. 머리를 치료하고 나면 손을 치료해야 되고 손을 치료하고 나
면 다시 발을 치료하는 곳이 교회입니다.

교회 안에는 교회가 성장하고 대형화되어지는 것을 원치 않는 분
들이 있습니다. 그러나 그것은 좋은 태도가 못됩니다. 성장을 원한다
고 모두 성장되는 것도 아니고 내가 원치 않는다고 성장이 안 되는 것
도 아닙니다. 성장은 하나님의 뜻입니다. 생명체가 건강하면 성장하
게끔 되어 있습니다.

그러나 그 내면 속에 교회의 가족적인 분위기를 원하는 그 마음만
큼은 나무랄 일이 아닙니다. 오히려 아름다운 마음이고 그 마음을 나
눌 수 있는 소중한 자리를 교회는 만들어갈 수 있어야 하는 것입니다.

그러므로 교회는 계속 커져야 하고 또 한편 계속 작아져야 한다고
익쳤던 '릭 워렌'의 말은 진리입니다. 교회의 공동체성과 가속 경험과
심령의 치유 등은 작은 모임에서만 이루어집니다. 그곳이 우리 교회
구역이란 곳입니다. 반드시 구역이나 사역팀 안으로 들어가시기 바랍
니다.

사랑하는 행복한교회 성도 여러분!

행복한 교회를 온전한 교회로 이해하지는 마십시오. 아직도 공사
중인 교회입니다. 아직도 치료 중입니다. 이 교회를 치유가 활발히 일
어나는 병원으로 만들어가면 거기 행복한 교회가 있습니다. 거기 이
상적인 교회가 있습니다. 목사도 치유를 경험하고 싶습니다. 성도 한
사람 한 사람도 치유를 경험하기를 원합니다. 나의 치부를 드러내고

도 부끄럽지 않는 가족공동체를 만들어 가십시다.

이 자리에 모이는 큰 교회는 작은 구역이 감당할 수 없는 영광스런 예배와 찬양과 큰 힘이 필요한 선교와 성도들 훈련 등을 담당할 것입니다. 이제 구역들이 저마다 흩어진 자리에서 온전히 교회의 모습을 갖추어가도록 하십시다. 연약하고 모자라는 모습 그대로 신비한 교회입니다. 교회는 치료 중입니다. 교회는 공사 중입니다. 그 모습은 지상 교회의 이상입니다.

우리는 함께 예배하고 서로 교제할 때 행복한 공동체입니다. 서로 섬기고 서로 격려할 때 힘이 되어줄 수 있습니다. 우리가 서로 사랑하는 것보다 더 귀한 가치는 없습니다.

행복한교회가 얼마나 건강한 교회인가를 확인하는 시간들이 되었으면 좋겠습니다. 행복한교회가 얼마나 건강한 교회를 향해 가고 있는가를 감사하는 시간들이 되었으면 좋겠습니다. 더 멋진 행복한교회를 이루어갈 꿈을 꾸는 시간들이 되었으면 좋겠습니다. 믿음이 회복되고 가정이 살아나고 교회가 생기로 넘치는 시간들이 되었으면 좋겠습니다.

이런 교회를 꿈꾸며 날마다 치료받는 교회가 되어야 합니다. 날마다 회복되어지는 교회가 되어야 합니다. 그래서 마침내 이 시대를 가슴에 안고 나아갈 수 있는 성숙한 성도들이 다 되시기를 소원합니다.

교회 건축가의
오해

우리가 이 땅에서 신앙생활을 하는 큰 목적 가운데 두 가지가 있습니다. 먼저는 우리가 행복하게 신앙생활을 하는 것입니다. 다음은 하나님의 나라인 이 몸 된 교회를 건강하게 세워가는 것입니다.

옛날에 두 날개를 가진 교회가 창조되었습니다. 한 날개는 모든 성도들이 한 자리에 모여서 하나님의 영광스러운 임재를 경험하며 살아 계신 하나님의 음성을 듣고 그분께 예배하는 날개입니다.

다른 한 날개는 가정마다 모이는 몇몇 사람이 소그룹으로 모여서 서로 가족의식을 경험하고 예수 믿는 사람은 도대체 어떻게 살아가는가? 어떻게 사랑하며 살아가는가? 행복한 모습을 보여주는 소그룹의 날개입니다. 양 날개를 사용하는 교회는 높이 날 수 있었습니다. 하나님 가까이 날아가 하나님의 영광스러운 임재를 경험할 수 있었습니다. 땅에서 무서운 핍박이 일어났음에도 불구하고 그 핍박들을 어렵

교회는 지금 공사 중

지 않게 이길 수 있었습니다.

새들 가운데는 어린 새들이 있었지만 어린 새들을 잘 양육하고 돌볼 수 있었습니다. 교회를 만들어주신 그분의 목적을 잘 이해하며 온 땅에 우아하게 솟아오를 수 있었습니다.

그러던 어느 날 사악한 뱀이 교회를 찾아왔습니다. 날개가 없는 뱀은 두 날개로 날아오르는 교회를 시기하고 질투했습니다. 왜 힘들게 두 날개로 나느냐고 유혹합니다. 한 날개를 가지고 얼마든지 세상을 날며 정복할 수 있다고 거짓말을 했습니다.

콘스탄틴이 기독교를 공인한 이후 무려 1700년 동안 교회는 사탄의 거짓말에 속아 한 날개로 날며 세상을 정복해보려고 했습니다.

그러나 그것은 전혀 불가능한 일이었습니다. 이제 힘을 잃은 교회는 한 날개마저 힘이 빠져 추락해가고 있습니다. 사탄은 추락하는 새를 삼키려고 입을 벌리고 기다리고 있습니다. 21세기 교회는 지금 막 커다란 갈림길에 서 있습니다.

크게 젖던 예배의 날개마저 힘을 잃어버리고 무섭게 추락하고 몰락해갈 것인가? 아니면 잃어버렸던 한 날개를 회복하여 이 소그룹의 날개로 예배를 회복하고, 주님께서 그토록 세우기를 열망했던 행복한 교회를 만들어내고, 초대교회에 그토록 능력 있는 그 교회의 모습을 회복하여 세상을 정복해갈 것인가?

교회는 "두 날개로 나는 독수리가 되어야 한다" 하는 것이 에베소서 첫 번째 메시지였습니다. 교회는 눈에 보이지 않는 하나님의 나라가 있고 눈에 보이는 지상의 교회가 있습니다. 하나님의 나라는 완전한 교회입니다.

그러나 지상의 교회는 불완전한 교회입니다. 그래서 공사 중입니다. 그래서 치료 중입니다. 그 치료가 활발히 일어나는 병원과도 같았습니다.

왜 우리가 교회 생활에 혼란을 경험합니까? 왜 교회의 모습이 불만족스럽게 보입니까? 지상의 교회도 하나님 나라처럼 완전해야 한다고 생각하기 때문입니다. 이 땅의 교회는 주님 오시는 그날까지 공사 중입니다. 교회는 치료 중입니다. 그 치료가 활발히 일어나는 한 장소가 있었습니다. 모든 사람들이 모인 이 자리에서는 감동을 받습니다. 그러나 치료의 자리는 아닙니다. 하나님의 영광스러운 임재를 경험합니다.

그러나 여기에서 기독교 공동체의 아름다운 가족의식을 경험할 수는 없습니다.

치료가 활발히 일어나는 자리는 소그룹의 자리입니다. 행복한교회 구역과도 같은 곳입니다. 몇몇 사람들이 모여 아름답게 주님의 사역을 감당하는 사역의 현장이었습니다.

그래서 우리가 행복한 신앙생활을 하기 위해서는, 이 땅에 영광스러운 하나님의 나라를 이루어가기 위해서는 소그룹에 참여하는 일입니다. 구역에 참여하는 일입니다. 사역에 참여하는 일은 선택과목이 아니었습니다. 필수과목이었습니다.

더구나 21세기는 공동체가 급속히 파괴되어져 가고 있습니다. 도시인들은 공동체가 무엇인지도 모르고 살아갑니다. 교회가 행복한 공동체를 만들 수 있느냐 없느냐? 21세기의 교회가 승리하는 교회가 되느냐 몰락하는 교회가 되느냐? 이것이 바로미터가 될 것입니다.

여러분들이 소그룹에 참여하는 길은 여러분 자신이 사는 길입니다. 하나님께서 여러분을 만들어주신 아름다운 목적을 이루어갈 수 있는 길입니다. 신앙생활 하는 목적이기도 합니다. 여러분의 믿음이 성숙해져갈 것입니다. 주저하지 마십시오. 결단하십시오. 그것은 하나님의 요청입니다. 그것은 하나님의 명령입니다.

교회가 공사 중이라면 그 공사 현장에 뛰어드는 사람이 있어야 합니다. 우리 모두 공사현장에 뛰어들 때 누가 어디서 무슨 일을 어떻게 감당하느냐 하는 것입니다. 하나님 나라가 하나의 건물이라면 우리 교회에서 기둥들도 나와야 할 것입니다. 바람을 막는 벽돌도 있어야 합니다. 비를 막는 지붕도 있어야 할 것입니다. 햇빛이 들어오는 창문도 있어야 할 것입니다. 모두 기둥이 되겠다고 하면 그건 흉한 꼴을 하는 건물이 되고 말 것입니다. 모두 창문이 되겠다면 또 어떻게 되겠습니까?

교회에는 설계도가 있습니다. 설계사이신 주님의 뜻에 따라 각자 제 위치와 역할이 있습니다. 그것이 오늘 본문이 말하는 은사론입니다.

여러분, 우리 가정에 창문이 제 역할을 감당하지 못하면 추운 겨울날 찬바람이 들어와서 가족들은 추위에 떨어야 할 것입니다. 때로는 햇빛이 제대로 들어오지 못하여 캄캄한 집에 살 수밖에 없을 것입니다.

기둥이 제 꼴을 감당하지 못하면 또 어떻겠습니까? 지붕이 날아가면 또 어떻겠습니까? 이 시간 '건축가의 오해'라는 제목으로 우리 모두 다 교회를 세워가는 건축가이다, 내가 내 역할을 잘 감당하고 너는 너의 역할을 잘 감당할 때에 교회는 건강한 모습으로 행복한 교회를 세워갈 수 있다는 메시지를 듣고자 합니다.

목회자는 코치

지난 1700년 동안 교회는 주님의 교회에 부여해 주신 능력과 행복을 많이 잃어버리고 살았습니다. 그것은 목사가 해야 할 일과 교인들이 해야 할 일을 혼동한 데서부터 비롯되었습니다.

교회를 축구장에 비유해보십시다. 축구장에는 운동선수들과 감독들이 있습니다. 그리고 관중들과 코치가 있고 해설자가 있고 심판이 있습니다. 이 운동장에 주인공은 운동선수들입니다. 감독이나 코치 그리고 심판은 운동선수를 훈련시기고 도와줍니다. 게임이 공정하고 바르게, 재미있게 진행되도록 하는 사람들입니다. 관중들 가운데는 장차 운동선수가 꿈인 청소년들도 있습니다.

교회에서 운동선수는 누구겠습니까? 운동선수는 목사가 아닙니다. 하나님 나라 사역에 진정한 운동선수는 성도 한 사람 한 사람입니다. 지금까지는 세계교회가 목사들의 운동선수 역할을 했습니다. 그래서 목사들이 탈진하도록 뜁니다. 무엇인가 잘되는가 싶으면 박수를 칩니다. 그러다가 헛발질하기도 하고 실수하기도 하고 지쳐 쓰러져 들것에 실려 나가면 깡통을 던집니다. 깡통 같은 것들 꺼져라. 이제는 목사가 제자리로 돌아와야 합니다. 목사는 감독과 코치의 역할을 해야 합니다.

교회는 지금 공사 중

그럼 관중은 누구입니까? 세상의 불신자들입니다. 구도자들입니다. 세상의 많은 사람들이 우리를 보고 있습니다. 예수 믿는 사람들은 무엇 때문에 저렇게 당당하게 살아가는가? 이 어려운 시대에 저들은 얼굴에 미소를 띠고 힘 있게 살아갈 수 있단 말인가? 무엇이 저들을 권위 있게 품위 있게 만들어주었단 말인가? 예수 믿는 사람들은 왜 저렇게 행복하게 살아가는가? 세상 사람들은 우리를 구경합니다. 그동안 교회는 참 재미없는 연출을 했습니다. 운동선수들을 다 관중석으로 몰아넣고 감독들만 뛰었습니다.

우리나라에 있는 프로 축구팀에 감독들과 코치들, 텔레비전 해설자들과 심판들 다 모아서 우리나라 운동선수 팀을 만들면 어떻게 될까요? 아마 이런 선수들 가지고 세계에 내보내면 번번이 10대 0 이상으로 지고 말 것입니다. 교인들을 관중석으로 다 몰아넣고 목사들만 뛰는 게임은 재미가 없습니다. 패배할 수밖에 없었습니다. 세상을 정복하기에는 역부족이었습니다. 목사들은 교회 안에서는 큰소리 뻥뻥 치지만 세상에 갖다 놓으면 세상을 정복하기에는 아주 무력한 사람들입니다.

말씀에 보면 교회의 감독과 코치와 해설자들이 나옵니다.

"그가 혹은 사도로 혹은 선지자로 혹은 복음전하는 자로 혹은 목사와 교사로 주셨으니"

이들은 모두 잘 살펴보면 말하는 사역, 즉 설교하는 사역을 맡은 사람들입니다. 지금으로 말하면 신학훈련을 받은 전문 사역자들을 말하는 것입니다. 이들은 세상의 직업을 갖지 않고 사례를 받아 생활하는 사람들이었습니다.

이들 중에 가장 중요한 사람이 '사도'입니다. 사도들은 예수님으로부터 직접 부름을 받아서 직접 훈련받고, 예수님은 어떻게 살아가는가? 예수님이 가르쳐 준 진리가 무엇인가? 신앙의 도리가 무엇인가를 정확하게 배운 사람들이었습니다. 그래서 초대교회에 진리를 가르치는 사람들이었습니다. 거짓된 진리와 참된 진리를 분별해주는 사람들이었습니다.

어떤 초대교회의 가르침이 사도들의 가르침과 어긋나거나 배치된다고 하면 그것은 잘못된 진리였습니다. 뿐만 아니라 당시에는 이 도시 저 도시 교회가 세워져 있지 않았습니다. 한 도시를 찾아가 복음을 전하고 교회를 세웁니다. 그러고 나면 다시 다음 도시로 가서 교회를 세웁니다. 그 도시에 교회가 세워지면 또 다른 마을로 가서 교회를 세웠습니다. 그래서 세상으로 보냄을 받은 사람들을 '사도'라 불렀던 것입니다.

그 다음 '선지자'들이 있습니다. 예언자라고 말합니다. 하나님의 대변자들을 말합니다. 성경이 완성되지 않았을 때 하나님께서는 하고 싶은 말씀을 선지자들을 통해 말씀하셨습니다. 초대교회 선지자들의 가르침은 사도들의 가르침과 배치될 수 없었습니다. 만약 사도들의 증거와 다른 내용을 가르쳤다면 거짓 선지자들입니다.

그러나 성경이 완성되고 난 후에는 선지자의 기능은 없어지고 기록된 성경을 해석하고 적용하는 설교의 은사가 나타나게 된 것입니다. 예언의 은사도 성경이 완성된 후에는 하나님의 말씀을 통한 깨달음과 권면이 더 권위를 가지게 되었습니다. 즉, 사도의 가르침은 신약 성경으로 완성되었습니다.

예언의 은사는 설교나 말씀을 통한 권면과 성경연구 등으로 대치되었다는 것이 정통신학의 견해입니다.

또 하나님께서는 '복음 전하는 자'로 주셨습니다. 이는 빌리 그레이엄처럼 불신자들에게 복음의 진리를 잘 전하는 은사를 맡은 사람들을 말합니다.

마지막으로 '목사'와 '교사'가 나옵니다. 우리말 성경에는 '목사와 교사'라고 되어 있습니다. 그러나 원문을 살펴보면 두 직책이 아닙니다. 관사가 하나밖에 없습니다. 목사인 교사와 교사인 목사를 말하는 것입니다. 오늘처럼 목양사역을 하면서도 설교를 하고 성경을 가르치는 사람을 말하는 것입니다.

이들은 모두 전문직을 말합니다. 전문목회자 사역은 말하는 사역과 관련이 있습니다. 복음을 선포합니다. 진리를 가르치고 분별합니다. 교인들을 훈련하고 양육하고 키워줍니다.

문장이 이렇게 되어 있습니다. "목사와 교사로 주셨으니", "목사와 교사를 주신 이유가 무슨 뜻입니까" 즉, 목사와 교사로 주신 이유가 무엇이냐 하는 뜻입니다.

이처럼 전문 사역들을 주신 이유가 무엇이냐 묻고 11절은 막을 내립니다. 그 이유가 12절에 나옵니다. 여기서 우리는 오해를 가져올 수 있습니다. 첫 번째 오해는 '교회를 세우는 사람은 목회자이다'라는 것입니다.

첫 번째 오해

교회를 세우는 사람은 목회자이다.

"이는 성도를 온전케 하며 봉사의 일을 하게하며 그리스도의 몸을 세우려 하심이라"

여기 "봉사의 일을 하게하며"라는 말을 좀 더 가깝게 번역할 필요가 있습니다. '하며'가 아니고 '하여'입니다. 그리고 봉사의 일을 한다는 것이 무슨 말씀입니까? "교회에 각종 사역을 감당케 함으로" 그런 뜻입니다.

정확하게 이 말을 의역해보면 그런 뜻이 됩니다. "교회에 목사를 주신 이유는 성도를 훈련시켜 온전케 하며 교회 사역들을 감당케 함으로 교회 즉 그리스도의 몸을 세우려 하심이라"라고 번역할 수 있습니다.

교회가 건축 중이며 공사 중이라면 교회 건축가가 누구입니까? 목사가 아닙니다. 교회를 세우는 사람은 성도들입니다. 하나님께서 원하시는 교회와 주님께서 꿈꾸시던 바로 그 교회의 사역자가 누구냐? 여러분 한 분 한 분입니다. 행복한교회 성도들이란 말입니다.

교회는 지금 공사 중

그러면 목회자의 역할은 무엇입니까? 성도들이 역할을 잘 감당할 수 있도록 도와주는 일입니다. 여러분들을 훈련시켜주는 일입니다. 여러분들이 하나님으로부터 어떤 은사를 받았는가? 그것을 깨우쳐주는 것입니다. 발견하게 해주는 것입니다. 사역을 할 수 있는 기회를 많이 만들어 목회에 역할을 감당하도록 도와주는 것입니다. 이것이 하나님께서 그토록 원하셨던, 주님이 그토록 세우기를 원했던 교회 사역의 역할 분담입니다.

여기에 교회론에 관한 첫 번째 오해가 있었습니다. 교회를 세워나가는 신령한 건축가가 목회자라고 생각한 것입니다. 그래서 성도들은 언제나 피동적이었습니다. 언제까지나 목회자가 자신들을 돌봐주고 먹여주고 사역해주기만을 기대하고 있었습니다.

성경적인 원리는 그런 것이 아니었습니다. 초대교회는 적어도 그런 교회가 아니었습니다. 주님께서 그토록 세우기를 원했던 교회는 바로 그런 모습이 아니라고 하는 것입니다. 신령한 교회 건축가는 평신도들입니다. 신령한 교회 건축가는 성도들입니다.

교회가 왜 이토록 문제가 많은 것입니까? 교회가 치료 중인데 왜 치료의 역사가 일어나지 않는 것입니까? 교회 성도들이 왜 어린아이처럼 신령한 제자들이 나오지 않는 것입니까? 하나님 나라를 세워가는데 왜 하나님 앞에 멋지게 쓰임 받는 사람들이 그렇게 적어진 것입니까?

그 이유는 많은 교회들이 주님께서 지시하신 대로 올바른 사역분담을 하고 있지 않았기 때문입니다. 지금까지 대부분의 교역자들이 자신이 해야 할 일은 안 하고 성도들이 해야 할 일을 빼앗아 하고 있었던 것입니다.

여기에는 엄청난 문제가 있습니다. 우선 천국에서 성도들이 받을 상급을 목사들이 다 빼앗아버린 것입니다. 성도들이 쓸 면류관이 별로 없습니다. 그렇게 하면 교회 사역에 열매가 없습니다. 효과가 없습니다. 주님이 원하는 교회의 모습을 갖출 수가 없는 것입니다.

사랑하는 행복한교회 성도 여러분!

"교회를 세우는 사람은 목회자이다"라고 생각하고 우리는 방관했습니다. 아니 어떻게 해야 할지 모르고 왔습니다. 수동적으로 따라왔습니다. 그러나 하나님께서는 목회자에게만 그 사역을 전부 일임한 것이 아닙니다. 함께 교회를 세워나가도록 하셨습니다. 사역을 분담해야 합니다. 목회자는 성도들에게 사역을 나누어주어야 합니다. 그들도 하늘 상급을 받을 수 있도록 헌신하게 해야 합니다. 봉사하게 해야 합니다.

그리고 두 번째 오해가 있습니다. 그것은 "성도의 사역은 목회자를 도와주는 것이다"라는 것입니다.

두 번째 오해

성도의 사역은 목회자를 도와주는 것이다. 그동안 우리는 교회 사역론에 관한 깊은 오해가 있었습니다. 교회 사역을 하게 되면 성도들이 목회자의 목회를 도와주는 것이라고 생각했습니

교회는 지금 공사 중

다. 성경적인 원리와 주님의 뜻에 의하면 어디까지나 오해였습니다.

이제 우리는 교회 사역론에 관한 새로운 패러다임을 갖게 되었습니다. "성도들이 목회자의 목회를 도와주는 것이 아닙니다. 성도들이 온전히 사역을 감당할 수 있도록 성도들을 도와주도록 교회마다 목회자를 보내주는 것입니다. 목회자가 성도들을 돕는 것입니다."

목회자의 사명과 역할은 성도들이 사역을 잘하도록 준비시켜주는 것입니다. 앞으로 저는 철저하게 제 사역에 충실하려고 합니다. 저는 말씀을 잘 연구하여 하나님의 말씀에 진리를 성도들에게 깨우쳐주려는 일에 전무하려고 합니다. 성도들을 훈련시켜 행복한교회의 모든 성도들이 주님 앞에 승리자로 만드는 일에 혼신의 힘을 기울이려고 합니다.

목회자는 목회자의 일들을 잘 감당하고 우리 성도들은 성도의 사역을 잘 감당하게 될 때에 먼 훗날 주님이 우리 가운데 오시는 그날 저는 목회자의 역할을 잘 감당했다고 칭찬을 듣고 싶습니다. 여러분들은 여러분들의 사역을 잘 감당함으로 주님 앞에 칭찬 듣는 여러분들이 되시기를 바랍니다.

때문에 교회에서 주의 사역은 의무가 아닙니다. 특권입니다. 이 특권을 누구에게 빼앗기지 마십시오. 그동안 모든 목회자들이 이 고귀한 성도들의 사역을 다 빼앗아갔습니다. 이제 이 사역을 성도들에게 돌려주는 운동을 '제2의 종교개혁'이라고 하는 것입니다.

첫 번째 종교개혁이 성직자들에게만 있던 성경을 빼앗아 평신도들에게 나눠준 운동이었다면, 두 번째 종교개혁은 성직자들에게만 있던 사역을 빼앗아 평신도들에게 돌려주는 운동이라는 것입니다.

성도들의 주 사역은 작은 날개, 즉 구역이나 소그룹 안에서 주로 이루어지게 될 것입니다.

교회에 5명의 여 성도가 모이는 한 구역이 있습니다. 구역장인 아무개 집사님은 구역 사역에 은사가 있습니다. 교인들을 잘 돌봅니다. 저들이 아파할 때 가서 어루만져줍니다. 상담을 요청해 오면 내 일보다 더 진지하게 들어줍니다. 교인들과 더불어서 시간 보내는 것을 기뻐합니다.

그런데 구역이 모이면 성경을 함께 나누게 되는데 예비구역장인 아무개 집사님은 성경을 가르치는 은사가 있습니다. 이분이 성경을 가르치며 말씀을 함께 나눌 때에 모두 다 자기 삶 속에 적용할 수가 있습니다. 서로들 고백합니다. 눈물을 글썽일 때가 한두 번이 아닙니다.

그리고 아무개 집사님은 찬양을 잘합니다. 구역 모임이 있을 때마다 찬양인도는 아무개 집사님의 몫입니다. 아무개 성을 가진 성도님이 계신데 그분은 대접의 은사가 있습니다. 구역이 모일 때마다 무엇인가를 싸 가지고 와서 나누어주는 것을 좋아합니다.

최근에 등록한 아무개 엄마는 긍휼의 은사가 있어서 불쌍한 이웃들을 잘 돕습니다. 그래서 그 주변에 사람들이 많이 따릅니다. 전도를 잘합니다. 가장 빠른 시간 안에 성장을 해보리라 꿈을 꾸며 구역장과 구역원들은 벌써부터 분가를 준비하고 있습니다.

5명이 모이는 자리지만 거기는 언제나 주님이 함께하시는 6분이 모여서 예배하는 영광스러운 예배를 창출해냅니다. 거기에 예배가 있

교회는 지금 공사 중

습니다. 찬양이 있습니다. 은혜로운 기도가 있습니다. 서로를 위해 중보기도도 합니다. 복음이 전파되어집니다. 지도력이 발휘됩니다. 서로 책임을 함께 나누고 있습니다. 어린 성도들이 거기에 들어가면 돌봄을 받습니다. 이 얼마나 행복한 공동체입니까? 주님이 원하는 모습이 바로 이런 모습이라고 하는 것입니다.

뿐만 아니라 주일 큰 날개의 예배를 위해서도 많은 사역자들이 필요합니다. 우리는 편안히 앉아 예배를 드리고 있지만 부지런히 시스템이 돌아가고 있습니다.

예배 집례자가 있습니다. 설교자가 있습니다. 기도자가 있습니다. 성가대 지휘자가 있습니다. 반주자가 있습니다. 성가대가 돌아가기 위해서는 많은 임원들이 있습니다. 성가대원들이 있어야 되는 것입니다. 차량을 운행하는 사람이 있습니다. 차를 몰고 오면 입구에서 안내하는 사람이 있습니다.

그리고 예배당 문을 열고 들어오면 반갑게 맞아주며 인사하는 순장들이 있습니다. 이것저것 봉사를 해줍니다. 그 시간에 사무실에서 봉사하는 사람들이 있습니다. 방송실 안에서는 조명을 조정하는 사람이 있습니다. 음향을 만지는 사람이 있습니다. 컴퓨터를 통해 자막을 처리하는 사람이 있습니다. 한 번의 실수는 곧 방송사고입니다. 부지런히 지금 돌아가고 있습니다.

우리가 자녀들을 교회학교에 맡겼습니다. 그래도 찬양대가 돌아가고, 예배가 이루어지고 있고, 아이들에게 성경이 가르쳐지고 있으며 양육하고 있습니다. 부지런히 교회학교 하나를 위해서도 많은 시스템

197

이 돌아가고 있는 것입니다.

가르침의 은사가 필요한가 하면 지금 유아실에서 아이들을 등에 업고 아이들을 돌봐주는 사람들이 있습니다. 그뿐이겠습니까? 예배 후 식사를 위해서 밥을 짓는 사람들이 있습니다. 그리고 반찬을 만드는 사람들이 있습니다. 또한 설거지를 하는 사람들이 수고를 하고 있습니다.

은사를 따른 다양한 사역들이 있습니다. 교회 내 다양한 프로그램을 움직이기 위해서 그 프로그램 사역에 헌신하는 사람들이 있습니다. 그 가지를 셀 수 없는, 그 수를 셀 수 없는 많은 사역들이 교회 안에 있습니다.

이 모든 것이 교회를 세워가는 성도들의 특권이요 주님이 내게 맡기신 사역이라는 것입니다. "그리스도의 몸을 세운다"는 말을 원문에 찾아보면 뼈가 이골 되었을 때 뼈가 제자리를 잡게 한다는 것입니다. 뼈가 부러졌을 때에 그것을 치료하여 제 역할을 감당하게 한다고 하는 것입니다.

여러분들이 교회 사역을 마땅히 감당해야 하는데 하나님께서 여러분 모두에게 은사를 주었는데, 달란트를 주었는데 그 달란트를 땅에 묻어두고 사역을 감당하지 아니하면 행복한교회에 건강한 몸이 세워지지 아니하고 뼈가 이골 됩니다.

누군가 달려가서 이골 된 뼈를 제자리 잡게 해야 될 것입니다. 누군가 사역을 감당하지 아니하면 뼈가 부러져 있을 것입니다. 누군가 달려가 땀을 흘리며 부러진 뼈를 제자리 잡게 해야 할 것입니다. 그때 몸

교회는 지금 공사 중

된 교회가 건강한 교회로 세워져 간다고 하는 것입니다.

사랑하는 행복한교회 성도 여러분!

두 번째 오해는 '성도의 사역은 목회자를 도와주는 것'입니다. 그동안 우리는 교회 사역론에 관한 깊은 오해가 있었습니다. 교회 사역을 하게 되면 성도들이 목회자의 목회를 도와주는 것이라고 생각했습니다. 성경적인 원리와 주님의 뜻에 의하면 어디까지나 오해였습니다.

이제 우리는 교회 사역론에 관한 새로운 패러다임을 갖게 되었습니다. 성도들이 목회자의 목회를 도와주는 것이 아닙니다. 성도들의 온전히 사역을 감당할 수 있도록 성도들을 도와주도록 교회마다 목회자를 보내주는 것입니다. 목회자가 성도들을 돕는 것입니다. 그래서 온 성도들이 각 사역에서 영역에서 봉사하고 헌신하는 것입니다. 그런 교회가 행복한 교회입니다. 그런 교회가 건강한 교회입니다.

세 번째 오해

세 번째 오해는 자기 마음의 설계도입니다. 우리가 교회를 세우기 위하여 사역 현장 혹은 소그룹에 참여하고자 할 때 많은 성도들이 자기 나름대로 설계도를 가지고 옵니다. 이것 또한 오해입니다. 교회는 주님의 교회입니다. 언제나 주님의 뜻을 물어야 되는 것입니다. 교회의 설계도는 내게 있지 않습니다. 주님께 있습니다.

나는 이렇게 하면 멋진 교회를 이룰 수 있다고 생각합니다. 이렇게 땀 흘려 열심히만 하면 된다고 생각합니다.

그러나 나의 설계도를 주님의 십자가에 못 박을 때에 우리 모두가 주님의 몸 된 교회에 지체 역할을 잘 감당할 수 있게 되는 것입니다. 내가 맡은 사역이 아무리 중요해도 이 사역이 주님의 몸 된 교회를 해치는 방향으로 가게 되면 그 사역은 없어져야 되는 것입니다.

성가대가 대단히 중요합니다. 예배에서 성가대가 없으면 하나님께 영광 돌리는 시간이 뻥 뚫린 구멍으로 남지 않겠습니까? 그러나 이 성가대 사역이 예배를 섬겨야 됩니다. 행복한교회 전체를 섬겨야 되는 것입니다. 지휘자인 집사님의 지휘에 정확하게 방향을 잘 알아야 되는 것입니다. 그렇지 않고 성가대원들이 자기 멋대로 돌아간다, 목적이 다른 데 있다, 마음이 다른 데로 떠나 있다, 그것은 성가대 나라입니다. 그것은 결코 하나님의 나라가 아닙니다.

교회학교가 얼마나 훌륭한 일들을 감당하고 있습니까? 교회학교들이 행복한교회 전체의 목적에 일치되고 주님의 뜻에 일치되어야지, 그것이 지체의 역할을 감당하지 못한다고 하면 교회학교 나라입니다.

제자훈련이 얼마나 멋진 사역입니까? 중보기도 사역이 얼마나 아름다운 사역입니까? 전도폭발이 얼마나 멋진 사역입니까? 그러나 거기에 자기 나라를 건설하면 안 됩니다. 주님의 몸 된 교회를 섬기고 교회의 전체 목적에 일치되게끔 주님을 섬기는 데에 한 방향으로 달려가야 됩니다.

그리 하여 나의 나라를 죽이고 너의 나라를 십자가에 못 박고 개인의 나라를 십자가에 못 박을 때에 하나님의 아름다운 나라를 우리는 건설해가게 되는 것입니다.

문제없는 소그룹을 소개해주면 참여하겠다고 말하는 사람들이 있습니다. 그런 사람은 신앙생활 자체를 포기해야 됩니다. 사람들이 모인 곳에는 언제나 문제가 있기 마련이기 때문에 그렇습니다. 문제가 문제가 아닙니다. 그 문제를 어떻게 극복해가느냐 하는 것이 신앙생활입니다. 그 문제를 통하여 내가 주님의 몸 된 교회를 어떻게 섬길 수 있을 것인가? 그 문제를 극복해가면서 하나님 나라의 상급을 쌓아가는 것입니다. 문제를 극복해가면서 주님의 몸 된 교회의 아픈 상처를 어루만지게 되는 것입니다.

교회 그룹 안에서 세상적인 교제나 대화를 원하는 사람들이 있습니다. '행복한교회가 크니까 교회에 가면 내 사업상의 이익이 있을 거야, 사업의 파트너를 찾을 수 있을지도 몰라, 장사가 잘 될지도 몰라,' 그런 사람이 소그룹에 참여하게 되면 소그룹에 상처를 남기게 되는 것입니다. 다른 사람들에게도 상처를 줄 수가 있습니다. 세상의 더러운 이익을 위해서 교회에 참여하는 것이 아닙니다. 주님의 몸 된 교회를 함께 세워가는 것입니다.

그룹 안에서 나와 똑같은 정치적인 태도를 취해줄 것을 기대하는 사람이 있습니다. 그래서 교회 모임에서 정치적인 취향을 얘기하는 사람이 있습니다. 자신의 정치적인 성향이 언제나 옳다고 하는 사람들이 있습니다. 교회에 모일 때에는 절대로 정치적인 이야기를 하면 안 됩니다. 하나님을 배워가고 신앙생활에 협력하기에도 너무나 시간이 모자랍니다.

그래서 책임성이 너무 분명한 소그룹에는 참여하지 아니하고 큰 날개 대그룹에만 참여하겠다는 사람들이 있습니다. 이것 또한 무책임한 신앙생활입니다.

어떻게 성도들이 온전케 된다고 말씀하고 있습니까? 어떻게 그리스도의 몸이 세워져 간다고 말하고 있습니까? "봉사의 일을 하게하며" 모두 다 자기 사역을 감당함으로 하나님 나라가 세워진다고 했습니다. 성도들이 온전케 된다고 말하고 있습니다.

옳습니다. 사역은 특권입니다. 사역은 축복입니다. 사역은 하나님 나라의 면류관입니다. 사역은 성도들의 영광입니다. 이 면류관을 빼앗기지 마십시오. 이 영광을 빼앗기지 마십시오. 이 축복을 이 특권을 누구에게도 빼앗기지 마십시오.

하나님께서 여러분 모두 한 사람 한 사람에게 직질한 은사를 주었습니다. 무엇인가 할 수 있는 달란트를 주었습니다. 그것을 잘 감당할 때에 착하고 충성된 종이라는 칭찬을 듣게 될 것입니다. 그 달란트를 땅에 묻어두고 마땅히 감당해야 될 사역의 뼈를 이골 시키는 사람들, 뼈가 부러진 채로 그대로 내버려두고 무책임하게 신앙생활 하는 사람들에게 주님께서 악하고 게으른 종이라 책망할지도 모르는 것입니다.

사랑하는 행복한교회 성도 여러분!

추운 겨울밤 넓고 큰 그릇에 고슴도치 떼를 담아 밖에 내어 놓았습니다. 영하 20도 혹한 속에 찬바람이 불어옵니다. 부들부들 떨던 고슴도치들이 한 마리 두 마리 몰려들기 시작합니다. 처음에는 따뜻해지

교회는 지금 공사 중

는 것처럼 느껴졌습니다.

그러나 저마다의 침이 상대방을 찌릅니다. 아파옵니다. 피를 흘립니다. 고슴도치들은 아파서 흩어지기 시작합니다. 흩어지면 춥습니다. 추워서 부들부들 떨다가 견딜 수 없어 다시 몰려들기 시작하는 것입니다. 바짝 바짝 죄여 옵니다. 점점 깊이 더 찌릅니다. 피는 더 많이 나는 것입니다. 한 마리 두 마리 아파서 견딜 수 없어 흩어지기 시작합니다. 흩어진 고슴도치들은 다시 추위에 떨다가 다시 몰려옵니다. 모였다 흩어지고 흩어졌다 모이고 날이 밝았습니다. 아침에 나가 보았더니 다 죽었습니다. 절반은 얼어서 죽었습니다. 절반은 피를 흘리고 죽었습니다. 이것이 우리네 인생입니다.

21세기는 공동체들이 급속히 깨어져 가고 있습니다. 개인주의와 이기주의, 그리고 집단 이기주의들이 기승을 부리고 있습니다.

저마다 혼자 살아가겠다고 합니다. 전부 다 내가 중심이 되고 있습니다. 사랑이 그리워집니다. 신앙생활의 적은 고독입니다. 여러분 영적인 전쟁터에서 혼자 싸워서 이길 수 없습니다. 전쟁터에서 혼자 싸우는 사람은 아무도 없습니다. 실패할 수밖에 없습니다. 나 혼자 살아가면 승리할 것처럼 보입니다. 나 혼자만 예배드리고 혼자 살아가면 승리할 것처럼 보이지만 나도 모르게 속물이 되어서 살아갑니다. 썩은 세상 줄만 붙들고 살아가는 못나고 미약한 그리스도인으로 살아갈 수밖에 없는 것입니다.

모여 옵니다. 서로들 의지해봅니다. 그런데 공동체가 성숙되지 않았습니다. 그래서 갈등을 느낍니다. 문제를 일으킵니다. 문제를 극복할 줄 모릅니다. 나는 너에게 상처를 받고 너는 나에게 상처를 받습니다. 그래서 흩어져갑니다. 흩어지면 다시 외롭습니다. 춥습니다. 추위에 떨어봅니다. 세상이 혹독하기만 합니다. 공동체가 그립습니다. 은혜의 자리가 그립습니다. 다시 몰려옵니다. 몰려오면 상처를 주고받습니다. 증오심만 키워갑니다.

주님 오시는 마지막 날 교회 문을 열고 보았더니 절반은 얼어 죽고 절반은 추위에 죽었습니다. 진정으로 면류관 쓰는 행복한 교회를 건설하는 사람이 없습니다. 저마다 썩은 세상만을 위하여 일하다 살았습니다. 주님의 몸 된 교회를 세웠던 영광스러운 성도를 찾아볼 수가 없습니다. 저마다 가슴속에 상처를 안고 신음하고 있습니다. 추위에 떨고 있습니다.

참된 공동체를 만들어라. 이것이 하나님의 명령입니다. 주님이 그토록 세우기를 원했던 그 거룩하고 아름답고 능력 있는 교회를 만들어야 합니다. 미래교회가 성경적인 교회 공동체의 교회를 건축하지 못하면 얼어 죽고 찔려 죽고 맙니다. 교회를 세워가는 사람들은 성도들입니다. 그리스도의 몸을 멋지게 세우기 위하여 사역 현장으로 뛰어 들어가는 것입니다.

이것은 해도 좋고 안 해도 좋은 일이 아닙니다. 선택의 여지가 없습니다. 이것은 필수과목입니다. 현대인들은 너도 춥고 나도 춥습니다. 너도 아프고 나도 아픔을 겪고 있습니다. 서로들 감싸줄 수 있는 사람, 추위에 얼어 죽지도 아니하고 찔러서 상처를 내지도 않는 따뜻하고 건강하고 아름다운 공동체를 만들어야 하는 것입니다.

그때에 이 교회는 초대교회처럼 세상을 정복하는 교회가 될 것입니다. 이 교회를 통하여 사탄의 견고한 진은 파괴될 것입니다. 이 교회는 이 도시를 정복하게 될 것입니다. 그리고 북녘에 추위에 떨고 있는 내 동포들을 살려내게 될 것입니다. 복음의 마지막 주자로서 땅 끝까지 복음을 전하는 일에 아름답게 쓰임 받게 될 것입니다. 이런 교회가 되었으면 좋겠습니다. 더 이상 오해가 없는 서로를 세워주고 서로를 돕고 헌신하는 교회가 되었으면 좋겠습니다.

건강한
교회

사람들은 행복을 추구합니다. 가정이 행복해야 합니다. 행복한 아내가 되고 싶고 행복한 남편이 되고 싶습니다. 교회 생활도 행복하게 해야 합니다. 어떻게 행복하겠습니까? 행복의 제1조건이 무엇이라고 생각하십니까? 건강입니다. 철학자 '쇼펜하우어'는 그의 《행복론》에서 행복한 사람은 네 가지를 가져야 한다고 말했습니다. 아주 상식적인 것입니다.

먼저는 명랑한 정서라고 하였습니다. 매사가 즐겁게 보이는 것입니다. 주부는 남편을 위해서 열심히 도와주면서 삽니다. 그것이 좋아야 합니다. 마치 어머니가 아들을 위해 수고할 때에 기쁨을 느끼는 것 같이 시어머니를 모시고 사는 것이 즐겁다면 이는 분명히 행복한 주부입니다. 매사를 긍정적으로 볼 수 있는 안목이 열려야 합니다. 모든 것이 마음에서부터 즐겁다는 생각이 드는 것입니다. 이런 이들은 불

교회는 지금 공사 중

평할 이유가 없습니다. 감사가 충만합니다. 매사에 만족입니다. 이런 이들은 진정으로 행복한 사람들입니다.

다음은 건강이라고 하였습니다. 아무리 많은 돈을 가지고 있다고 해도 먹고 쓸 수 없다면 재산이 아닙니다. 건강해야 여행도 다닐 수 있습니다. 건강해야 음식도 맛있게 먹을 수 있습니다. 어린아이가 건강해야 자랍니다. 건강한 자녀를 가진 이들은 복된 것입니다.

그래서 현대인들의 관심은 건강입니다. 교회도 건강한 교회는 복된 교회입니다. 그런 교회는 성장합니다. 소위 말하면 멋진 교회가 됩니다. 멋진 교회를 부러워하는 이들이 있습니다. 어떤 교회입니까? 매스컴을 타는 교회입니다. 목사님이 설교를 잘해서 교회가 부흥하는 교회입니다. 좋은 이미지가 있어서 좋게 소문난 교회입니다. 목사님과 장로 및 제직자들과 갈등이 없어 행복한 교회입니다. 교회 재정으로 예배당 치장보다는 외부 선교와 구제에 사용하는 교회입니다. 그리고 담임 목사님이 청빈하고 윤리적으로 본을 보이는 교회 등을 건강한 교회라고 합니다.

그러나 엄밀하게 말하면 그렇게 이상적이고 우리가 추구하는 교회는 지상에는 많지 못합니다. 문제는 나 자신에게 달려 있습니다. 건강한 교회가 되는 것도 행복한 교회가 되는 것도 나 자신이 건강해야 되는 것입니다. 그러면 개인적으로 혹은 교회적으로 건강한 증거는 무엇입니까?

사랑이 충만

건강한 교회는 사랑이 충만합니다. 교회는 사랑의 공동체입니다. 거룩한 가족 공동체입니다. 가정에 사랑이 없다면 그것은 하숙방만도 못합니다. 가정이 좋은 것은 사랑이 있기 때문입니다. 그래서 이런 말을 합니다. 교회를 가정같이 가정은 교회같이 하라는 것입니다. 교회에 처음 나오신 분들을 우리는 새 가족이라 합니다. 그러면 이미 있는 성도들은 무슨 가족입니까? 그대로 가족입니다. 신자들이 교회에 오시면 가정 같이 느낄 수 있어야 합니다.

어떤 분이 똑똑한 아들과 함께 공원을 산책하게 되었습니다. 갑자기 아버지가 아들에게 질문을 던집니다.

"애아, 니는 아빠를 존경하니?"

아들이 대답합니다.

"아빠를 정말 존경해요."

그때에 아버지는 정말 좋습니다. 왜 그렇습니까? 가족들로부터 인정받는 것이 그렇게 좋기 때문입니다. 그래서 무엇이 존경스러우냐고 물었습니다.

"저는 아빠가 엄마를 너무나 사랑하는 것이 존경스러워요. 그리고 엄마가 아빠를 너무나 사랑하시는 게 존경스러워요." 그렇게 대답합니다.

어려운 형편에서도 사랑하니까 보기가 좋다는 말입니다. 자녀들에게서 존경받고 싶으면 가족 간에도 사랑하여야 합니다. 가정이 건강하면 사랑이 있어야 하듯이 교회도 마찬가지입니다. 건강한 교회는 사랑으로 일치되어 있습니다.

세상은 정치적으로 일치됩니다. 그래서 이익집단입니다. 자기에게 유익이 된다면 하나 됩니다. 그것을 당이라고 합니다. 진정한 사랑이란 이익추구 하는 것이 아닙니다. 나만 생각하지 않습니다. 항상 당신을 생각하는 것입니다.

이런 이야기가 있습니다. 가난하게 사는 남편이 남의 집에 일 다니고 고달프게 살아가는 아내를 측은하게 생각하여 하루는 아내에게 돈 만 원을 은밀하게 주면서 "당신 많이 피곤해 보여. 내일 몰래 혼자 값이 싼 고기뷔페에 가서 영양보충 좀 하구려" 하며 돈을 주고 갔습니다. 돈을 받아 든 아내는 혼자 고기 먹으러 갈 수가 없습니다. 아침식사 마치고 노인정으로 가시는 시아버지 손에 쥐어드립니다.

"아버님 용돈 한 번 드리지 못해 죄송합니다. 이것으로 가장 친한 분과 함께 점심이라도 사드세요." 너무나 고마움을 느낀 시아버지가 고생하는 며느리를 생각하면서 그 돈을 쓰지 못했습니다.

며칠이 지나서 설날이 돌아왔는데 손녀딸이 할아버지께 세배합니다. 며느리가 주었던 그 만 원을 손녀딸에게 세뱃돈으로 주었습니다. 손녀딸이 엄마에게 주면서 나중에 가방이나 사달라고 합니다. 돈을 받은 아내는 남편이 생각납니다. 내색은 하지 않았지만 요즈음 남편이 힘들어 보입니다. 조용히 양복 호주머니 속에 딸이 맡긴 만 원을 넣었습니다.

"여보! 이 돈으로 점심이라도 한 끼 드세요"라는 쪽지와 함께 말입니다. 이런 가정은 건강한 가정입니다.

사랑하면 서로가 위해주는 것입니다. 교회가 서로 위해주는 일이 계속된다면 그야말로 건강한 교회입니다. 사랑하여 위해주는 가족들이 서로가 흠잡고 싸움할 일 없습니다. 목회자가 성도를 진정으로 위해주고 성도들이 서로를 위해주는, 즉 세워주는 교회가 건강한 교회입니다.

사랑하면 허물을 덮어줍니다. 사랑하면 약점을 말하지 않습니다. 부모가 자식의 약점이나 허물을 남들에게 소문냅니까? 감춥니다. 사랑이란 그런 것입니다. 사랑하면 서로가 대화가 있습니다. 여러분들이 교회에 오셔서 누구와 만나 이야기해본 일이 있습니까? 만남이 반가워야 합니다. 우리는 형제와 자매입니다. 교제가 있어야 합니다.

이런 이야기가 있습니다. 교회에 나오신 분들이 친구가 세 명 이상 있으면 그 교회에 정착하게 된다는 것입니다. 서로가 깊이 교제하십시오. 만나시고 인사하고 이름도 알리고 알아야 합니다.

사랑이란 용서입니다. 사랑에는 오해가 없습니다. 부모가 자식에 대하여 섭섭한 때가 있을 수 있습니다. 그러나 그것은 일시적이고 쉽게 잊어버립니다. 왜? 사랑하기 때문입니다. 우리 서로 용서합시다. 섭섭했던 것을 잊는 것이 사랑입니다. 노여웠던 것을 잊는 것이 사랑입니다.

사랑은 헌신입니다. 서로가 희생합니다. 사랑이란 수고라고 하였습니다. 그리고 주님께 헌신합니다. 건강한 교회 진단을 하는 이들이 성경적인 교회인가, 헌신이 있는가에 따라 진단결과가 나옵니다. 주님께 헌신적으로 일하십시오. 봉사하십시오. 이런 말을 몰라서 못하는 것이 아닙니다. 주님을 사랑하는 마음이 약해서 그렇습니다. 건강한 교회 성도들은 주님을 진정으로 사랑하여 온전히 헌신합니다.

사랑하는 행복한교회 성도 여러분!

건강해야 합니다. 우리의 육신도 건강해야 합니다. 가정도 건강해야 합니다. 교회도 건강해야 합니다. 개인적으로 건강이 나빠 매일 신음하고 있다면 기쁨도 사라지고 감사도 사라지는 것입니다. 그리고 나눔과 희생의 삶을 살 수가 없는 것입니다. 그래서 건강해야 합니다. 그리고 우리의 영성이 건강해야 합니다. 충만해야 합니다. 그래야 교회가 은혜가 넘치는 것입니다. 수고가 넘치는 것입니다. 건강한 교회는 하나님을 사랑합니다. 건강한 교회는 이웃을 사랑합니다. 지체들을 사랑합니다. 행복한교회는 매우 건강한 교회인 줄로 믿습니다. 모두가 건강해야 합니다.

기도에 전혀 힘씀

건강한 교회는 기도에 전혀 힘씁니다. 교회는 만민이 기도하는 집이라 하였습니다. 기도할 때 모든 문제가 해결됩니다. 현대인들은 많은 문제를 가지고 있습니다. 그것을 숨기려고 합니다. 숨겼다고 문제가 없어진 것은 아닙니다. 어떤 이들은 문제를 잊겠다고 생각합니다. 그래서 술을 마십니다. 여행을 다닙니다. 그러나 잊

네번째 이야기, 회복하는 교회

히지 않습니다. 잊었다고 문제가 해결된 것은 아닙니다.

문제를 해결하여야 합니다. 어떻게 할 수 있습니까? 기도로 해결해야 합니다. "기도 외에는 이런 종류가 나올 수 없느니라" 주님이 말씀하십니다. 기도하면 답이 나옵니다. 구약에 한나가 그랬습니다. 그녀는 남편의 지극한 사랑을 받았습니다. 부족한 것이 없었습니다. 그래도 가슴에 맺힌 한이 있었습니다. 자녀가 없습니다. 미친 듯이 기도하였습니다. 그의 태의 문을 하나님이 열어주셨습니다.

사랑하는 성도 여러분! 바라는 것이 있습니까? 소원이 있습니까? 그렇다면 기도해야 합니다. 필요가 있어 기도하면 하나님은 채워주십니다. 거룩한 욕심이 있어야 합니다. 그리고 기도하면 그대로 이루어주십니다. 식욕이 왕성한 사람은 건강한 사람입니다. 이같이 기도로 욕망이 있는 사람은 영적으로 선상합니다.

교회가 할 것이 있습니다. 기도입니다. 성도들이 기도하면 충성하게 됩니다. 기도하는 사람이 교회의 일꾼입니다. 기도하지 아니하니까 영웅심이 생깁니다. 내가 굉장한 사람인 줄 압니다. 기도하면 자기 자신을 발견하게 됩니다. "내가 죄인입니다"라고 저절로 고백이 나옵니다. 겸손해집니다.

기도하면 절망에서 소망이 생깁니다. 잃었던 것을 다시 찾게 됩니다. 건강을 잃었습니까? 계속 기도하십시오. 건강을 되찾게 하십니다. 경제적으로 손해를 입었습니까? 무조건 기도하십시오. 다시 회복시켜 주십니다. 아무런 염려 없이 복되게 승리하시던 분이 왜 갑자기 넘어집니까? 중요한 것 한 가지입니다. 기도가 부족하기 때문입니다. 시험에 들지 않도록 기도하라는 말씀을 기억해야 합니다.

현대인들이 기도하지 않는 이유 중에 하나는 분주하다는 것입니다. 아무리 분주하더라도 우선이 기도이어야 합니다. 그러면 덜 분주합니다. 영적인 축복을 가로막는 것이 있습니다. 그것이 무엇입니까? 이기주의와 기도하지 않는 것입니다. 그래서 성경은 "쉬지 말고 기도하라"고 하였습니다.

중보기도 하십시오. 우리들이 다른 이들을 위해 기도해주는 것이 중보기도입니다. 남편들이 아내를 위하여 기도해본 일이 있습니까? 기도하지 않았으면 다시 생각해보십시오. 여러분의 남편이 부족한 것이 있습니까? 아내로서 남편을 위해 기도하지 않았으면 문제의 아내입니다. 남편들이 잘되고 못 되는 것은 아내의 기도에 달려 있다고 보아도 잘못이 없습니다.

성도가 자기가 나가는 교회의 목사님을 위해 기도하지 않았으면 성도 자격이 있는가 생각해볼 필요가 있습니다. 목회자는 성도들을 위해서 기도하지 않는다면 선한 목자는 못 되는 것입니다.

기도해주는 것이 사랑입니다. 교회를 위하여 기도하였다면 교회를 사랑하는 사람입니다. 이것이 충성입니다. 행복한교회는 기도하는 교회입니다. 예배 전에도 기도합니다. 예배가 끝나도 기도합니다. 기도하십시오. 그때 새로운 비전이 생깁니다. 꿈을 꾸게 됩니다.

비전이란 무엇입니까? 미래에 대한 목적이며 청사진입니다. 왜 피곤합니까? 지칩니까? 비전이 없거나 있어도 분명하지 않기 때문입니다. 위대한 비전은 위대한 사람을 만듭니다. 이런 비전은 언제 주어집니까? 기도할 때 주십니다.

비전이 있는 교회는 사람들에게 용기를 줍니다. 승리의 자세를 갖게 합니다. 언제입니까? 기도할 때에 주어지는 것입니다. 세상을 누가 이깁니까? 용기 있는 사람입니다. 뒤로 물러서지 않는 사람입니다. 투지의 사람이 이깁니다.

진정한 용기는 기도할 때 주어집니다. 힘들어도 어려워도 뒤로 물러서지 말고 기도를 시작합시다. 이것을 기억해야 합니다. 기도는 반드시 응답이 있습니다. 주님의 약속입니다. "구하라 주시겠다고" 하십니다. 기도하면 승리합니다. 마귀의 유혹에서 승리합니다. 사람들이 시험할 때에도 승리합니다. 교회가 전심으로 기도할 때에 능력 있는 교회가 됩니다. 병든 이들이 나음을 얻습니다. 기도하다가 병이 낫지 않는다고 포기하면 안 됩니다. 눈에 보이지 않는다고 하더라도 호전이 되는 것입니다. 기도하면 반드시 낫습니다.

사랑하는 행복한교회 성도 여러분!

기도로 충성하시기를 바랍니다. 기도회에 동참하시기를 바랍니다. 먼저 기도하는 습관을 가져야 합니다. 어디를 갈 때에도 기도하고 출발해야 합니다. 무슨 일을 시작하기 전에 기도가 있어야 합니다. 일을 마쳤으면 감사의 기도를 해야 합니다. 교회 성도가 기도카드를 지니고 기도해야 합니다. 기록해 남겨보십시오. 언제 어떤 제목으로 기도하였는데 언제 어떻게 응답이 되었다는 기록을 남기면서 기도하는 것입니다. 기도하는 교회가 건강한 교회입니다.

우리는 나라를 위해서도 기도해야 합니다. 대통령을 위해서도 기도해야 합니다. 국무위원들을 위해서도 기도해야 합니다. 국회를 위해서도 기도해야 합니다. 국방의 군인들을 위해서도 기도해야 합니다. 하나님이 통치하시도록 기도해야 합니다. 하나님이 지켜주시도록 기도해야 합니다.

사무엘 선지자처럼 날마다 이를 위해 기도해야 합니다. 민족이 회복될 수 있도록 기도해야 합니다. 흑암의 권세들을 이기기 위해 기도해야 합니다. 우리가 기도할 때 교회가 교회다워집니다. 성도가 성도다워집니다. 마침내 승리의 역사가 나타날 줄로 믿습니다. 기적의 역사가 나타날 줄로 믿습니다.

일하는 교회

건강한 교회는 일하는 교회입니다. 사람이 일하면 건강해집니다. 어디를 가든지 병원에 가보십시오. 무엇이라고 합니까? "운동하세요"라고 권면합니다. 운동해야 합니다. 움직여야 합니다. 운동이 무엇입니까? 일하는 것입니다.

무슨 일을 하여야 합니까? 주께서 가장 기뻐하시는 일입니다. 전도하는 일입니다. 전도는 우리 주님의 지상명령입니다. 교회가 세워진 목적입니다. 왜 교회가 세워져야 합니까? 왜 교회가 그렇게 많습니까? 전도하라는 명령에 의하여 세워진 것입니다. 전등에 불이 켜지지 않으면 전등불이 아닌 것 같이 교회가 전도하지 아니하면 교회가 아니

네번째 이야기, 회복하는 교회

라는 심한 말까지 합니다. 교회는 예수께서 하신 일을 계속하는 것입니다. 예수님이 일생 동안 하신 것이 전도입니다. 예수님께서 이렇게 말씀하셨습니다.

“이르시되 우리가 다른 가까운 마을들로 가자 거기서도 전도하리니 내가 이를 위해 왔노라 하시고” (막 1:38)

예수님이 이 땅에 계실 동안에 전도하셨습니다. 교회는 일을 계속하여야 합니다. 불신자들이 지옥가게 되었는데 우리가 전도하여 예수 믿게 하면 천국 갑니다. 남녀노소 불문하고 예수를 믿어야 합니다. 그런데 모르면 믿을 수 없습니다. 예수를 모르는 사람에게는 예수를 알려야 합니다. 이것이 전도입니다.

바울 사도는 이렇게 말하였습니다.

“항상 기뻐하라 쉬지 말고 기도하라 범사에 감사하라 이것이 그리스도 예수 안에서 너희를 향하신 하나님의 뜻이니라” (살전 5:16~18)

여기에다가 하나를 더한다면 ‘지속적으로 전도하라’입니다. 전도는 어느 기간에만 하는 것이 아닙니다. 전도는 생활이어야 합니다. 우리들이 바라는 것이 무엇입니까? 그것은 세상이 좋아졌으면 하는 것입니다. 살기 좋은 세상이 왔으면 하는 기대감이 있습니다. 다 같이 잘 사는 세상이 되어야 합니다.

이와 같이 이 세상의 모든 사람들이 천국에 가야 합니다. 방법이 무엇입니까? 모든 사람들이 예수를 주님으로 영접하여야 합니다. 그런데 믿지 않는 이들이 너무나 많습니다. 왜 그러합니까? 몰라서 안 믿는 것입니다. 안다고 해도 잘못 알고 있습니다. 우리는 그들에게 알려줄 의무가 있습니다. 그것이 사랑입니다. 이것이 도리입니다.

사랑하는 행복한교회 성도 여러분!

전도는 누구라도 할 수 있다는 것을 믿어야 합니다. 특정한 사람이 하는 것이 아니라 누구라도 할 수 있습니다. 아니, 해야 합니다. 전도는 하면 됩니다. 하지 않아서 안 되는 것이지 하면 되는 것입니다. 하면 듣습니다. 전도는 쉽습니다. 어렵다는 생각을 버려야 합니다. 전 성도가 전도하는 일을 하는 교회는 건강한 교회입니다. 전도와 선교하는 일에 분주하면 다른 일이 있을 수 없습니다. 한 영혼이 귀합니다. 구해야 합니다. 이 거룩한 사명을 우리에게 주셨습니다. 복음의 발걸음이 귀합니다. 복음의 손길이 아름답습니다. 복음의 마음이 주님의 마음입니다. 그래서 전도는 귀한 것입니다. 그들의 발도 귀합니다. 손도 귀합니다. 왜냐하면 영혼을 살리는 것이기 때문입니다. 이 전도에 온 힘을 쏟아야 합니다.

평신도의 사역이 왕성

건강한 교회는 평신도의 사역이 왕성합니다. 이

네번째 이야기, 회복하는 교회

상적인 초대교회를 보십시오. 사도들보다 집사들이 크게 사역을 수행하였습니다. 복음을 전하다가 순교하였습니다. 목회자 중심에서 평신도 사역 중심으로 바뀌어야 합니다.

한 예를 들면 구역을 누가 지도합니까? 구역장입니다. 구역장들이 구역원들을 잘 돌보면 교구담당자는 쉽습니다. 어느 외국 목회자는 한국의 구역 제도를 보면서 이것이 교회와 성도를 건강하게 하고 지역을 복음으로 정복할 수 있는 훌륭한 조직체라고 하였습니다. 구역이 살아 활동하는 데는 평신도의 역할이 큰 것입니다. 평신도들을 중심으로 소그룹 활동을 전개할 수 있습니다.

소그룹은 개별성이 강합니다. 개성에 맞는 순서를 만들어서 같이 나눌 수 있어야 합니다. 소그룹은 친밀감이 대단합니다. 아픔과 기쁨을 같이 할 수 있는 관계입니다.

소그룹은 번식력이 강합니다. 구역을 통해서 전도가 이루어집니다. 관계전도입니다. 이 소그룹을 누가 합니까? 바로 평신도들이 감당하는 것입니다. 믿음 좋은 평신도가 성도들과 함께하면서 그들을 위로합니다. 그들을 권면합니다. 성도들을 치유합니다. 성도들을 싸매줍니다. 지난날의 교회는 목사 혼자 다 하였습니다. 목회자 중심의 교회는 예배 한 번 드리고 가면 그만입니다. 그러나 평신도 사역 중심이 되면 훈련을 받고 섬기는 일에 앞장섭니다.

전 성도가 사역을 수행하여야 합니다. 내가 할 수 있는 일이 무엇인가를 찾아 달란트대로 봉사하는 교회는 건강한 교회입니다. 가장 중요한 것은 평신도들의 의식 변화입니다. 평신도가 달라져야 합니다.

평신도가 깨어나야 합니다. 평신도가 일어나야 합니다. 평신도가 힘써야 합니다. 전 성도가 주님을 사랑하는 마음으로 한 가지 이상의 봉사를 해주서야 합니다. 그래서 가장 건강하고 복된 교회가 되어져야 합니다.

병들어 있는 현대인에게 가장 건강한 정신과 믿음을 심어주어야 합니다. 행복한교회가 건강하여 사명을 다하는 교회를 이루어야 합니다. 주님이 이것을 기뻐하실 것입니다. 건강한 교회가 되기를 원하시면 건강한 그리스도인들이 되시기를 바랍니다.

사랑하는 행복한교회 성도 여러분!

건강한 교회는 사랑이 있습니다. 교회는 사랑의 공동체입니다. 거룩한 가족 공동체입니다. 가정에 사랑이 없다면 그것은 하숙방만도 못합니다. 가정이 좋은 것은 사랑이 있기 때문입니다. 그래서 이런 말을 합니다. 교회를 가정같이 가정은 교회같이 하라는 것입니다.

건강한 교회는 기도하는 교회입니다. 교회가 할 것이 있습니다. 기도입니다. 성도들이 기도하면 충성하게 됩니다. 기도하면 절망에서 소망이 생깁니다. 잃었던 것을 다시 찾게 됩니다.

건강한 교회는 평신도의 사역이 왕성합니다. 전 성도가 사역을 수행하여야 합니다. 내가 할 수 있는 일이 무엇인가를 찾아 달란트대로 봉사하는 교회는 건강한 교회입니다. 가장 중요한 것은 평신도들의 의식변화입니다. 평신도가 달라져야 합니다. 평신도가 깨어나야 합니다. 평신도가 일어나야 합니다. 평신도가 힘써야 합니다. 전 성도가 주

네번째 이야기, **회복하는 교회**

님을 사랑하는 마음으로 한 가지 이상의 봉사를 해주셔야 합니다. 이런 건강한 교회는 사랑이 충만합니다. 기도가 뜨겁고 열정이 있습니다. 그리고 평신도 사역이 왕성합니다. 이렇게 살아가며 실천하며 꿈꾸는 교회가 행복한 교회입니다.

교회 중심의
신앙생활 회복

예수님은 성전을 참 좋아하셨습니다. 예수님은 탄생한 지 8일 만에 할례 받으러 예루살렘 성전으로 올라가셨습니다. 그리고 열두 살 때는 어린 나이인데도 혼자서 성전에 머무시면서 "내 아버지의 집"이라고 선언하셨습니다. 여기에서는 성전을 '내 집'이라고 선언하십니다.

그리고 이스라엘 민족의 최대 명절인 유월절에는 반드시 예루살렘 성전으로 가셨습니다. 특히 예수님은 성전을 매우 사랑하셨습니다. 그래서 두 번씩이나 성전 정화작업을 하셨습니다. 공생애를 시작하자마자 예루살렘 성전에 들어가셔서 장사하는 사람들을 내쫓으셨습니다.

요한복음 2장 17절을 보면 "예수님은 성전을 사모하는 열심이 불타셨습니다"라고 하였습니다. 성도 여러분에게도 이와 같이 하나님의 전을 사모하는 뜨거운 가슴이 있기를 바랍니다.

성경에 등장하는 믿음의 사람들은 성전 중심으로 살았습니다. 다

윗은 단 하루라도 여호와의 궁정에서 사는 것이 너무나 행복하다고 성전 사모가를 노래합니다. 그래서 일평생 성전 건축을 열망하며 살았습니다.

솔로몬 왕이 많은 복을 받은 비결은 그가 왕위에 오르자마자 성전 건축에 총력을 쏟아 헌신했기 때문입니다. 그리고 성전 봉헌식 때는 양을 12만 마리나 잡아드릴 만큼 성전 중심적 삶을 살았습니다.

다니엘 같은 사람도 바빌로니아 수도에 살면서도 자기가 사는 집의 창문 방향을 예루살렘 성전을 향하도록 만들고 하루 세 번씩 예루살렘 성전을 바라보며 기도했습니다.

2천 년 전 안나라는 여선지자는 84세가 되기까지 성전을 떠나지 않고 기도하며 살았기 때문에 자기 생전에 예수님을 만나는 복을 누렸습니다.

예수님의 열두 제자들도 예수님께서 승천하신 후에 날마다 성전에서 기도하고 찬송하며 보냈습니다.

사도행전 2장을 보면 태어나면서부터 걷지 못했던 어떤 사람은 성전 입구에서 구걸하다가 베드로를 만나 병 고침을 받았습니다.

신약시대의 교회 건물은 구약시대와 같은 성전은 아니지만 그 본질과 내용은 동일합니다. 하나님 중심으로 살려면 반드시 교회 중심으로 살아야 합니다.

사도행전을 살펴보면 초대교회 성도들은 철저히 교회중심으로 살았습니다.

미국의 청교도들이 축복 받은 비결은 삶의 기초가 교회 중심이었기 때문입니다. 교회가 생활의 최우선이었습니다. 교회는 하나님의 백성들이 모이는 거룩한 공동체입니다.

더구나 고린도전서 3장 16절에서는 우리 몸이 성령이 거하시는 하나님의 거룩한 성전이라고까지 말합니다. 그러니 교회는 작은 성전들이 모인 큰 성전입니다. 육일 동안은 움직이는 성전이요, 주일에는 모이는 성전입니다.

이런 측면에서 우리는 성전 중심의 신앙생활을 회복해야 합니다. 예수님은 성전 중심의 신앙생활을 어떻게 가르쳐주십니까? 오늘 말씀을 통해 성도들에게 하나님의 은혜가 충만히 임하시기를 주님의 이름으로 축원합니다.

만민이 기도하는 집

교회는 만민이 기도하는 집입니다. 성전은 무엇보다도 하나님께 나와 기도하는 곳입니다. 구약 시대의 성전은 사방으로 골방을 많이 만들었습니다. 요즘 표현으로 하면 개인 기도실입니다.

그래서 성전은 "만민이 기도하는 집"이라고 불려 집니다. 여기 만민이라는 단어는 남녀노소와 빈부귀천 모든 사람을 다 포함합니다. 누구든지 나와 기도할 수 있습니다. 누구든지 응답받는 곳입니다.

이사야서 56장 7절은 이렇게 강조합니다.

"내가 곧 그들을 나의 성산으로 인도하여 기도하는 내 집에서 그들을 기문자적으로는 "기쁨을 누리게 하신다"는 뜻입니다. 우리가 기도하는 만큼 기쁨을 주십니다. 새 힘을 주십니다. 성령 충만을 주십니다. 우리 모두가 주의 교회에서 기도 응답의 기쁨을 누리시기 바랍니다. 직장에서의 문제나 사업상의 문제를 사무실이나 골프장에서만 해결하려고 하지 말고 교회에 나와 기도로 해결 받으시기 바랍니다.

1945년 4월 12일 제2차 세계대전이 막바지로 치닫던 무렵, 미국 제32대 대통령 '루스벨트'가 갑자기 사망하므로 그 당시 61세였던 '해리 트루먼'이 대통령직을 맡았습니다. 세계정세와 국정운영은 총체적으로 어려웠습니다. 그런데 그가 위기정국을 탁월하게 극복할 수 있었던 비결은 간단합니다. 백악관 집무실에서 풀리지 않는 문제를 교회로 가지고 가서 기도로 풀었던 것입니다.

오늘 우리도 성전에서 해결 받으시기 바랍니다. 출근길에도 기도하십시오. 퇴근길에도 기도하십시오. 산책길에도 기도하십시오. 수시로 성전에 나와 기도하므로 하늘의 응답을 받으시기 바랍니다. 새벽기도를 사모하시기를 바랍니다. 저녁기도를 사모하시기를 바랍니다. 금요기도를 사모하시기를 바랍니다.

솔로몬 왕은 예루살렘 성전을 짓고 하나님께 이렇게 호소하였습니다.

사랑하는 행복한교회 성도 여러분!

기도는 역사를 이룰 줄로 믿습니다. 기도는 내가 하는 것이 아닙니다. 기도는 하나님께서 내 대신 일을 하실 수 있도록 내어놓는 일입니다. 기도는 실패자의 한숨이 아닙니다. 기도는 승리자의 외침입니다. 여러분이 기도하므로 가정이 살아날 줄로 믿습니다. 여러분이 기도하므로 공동체가 살아날 줄로 믿습니다.

기도 외에는 민족을 살릴 길이 없습니다. 기도 외에는 공동체를 살릴 길이 없습니다. 기도해야 합니다. 기도할 때 역사는 나타납니다. 기적은 일어납니다. 회복의 역사가 임할 것입니다. 교회는 기도하는 거룩한 장소입니다. 응답의 장소입니다.

만민이 치유 받는 집

교회는 만민이 치유 받는 집입니다. 구약 시대의 성전을 언급하는 명칭 중에 가장 좋은 이름은 '시은소'입니다. 하나님께서 은혜를 베푸시는 곳입니다. 죄 사함의 은총을 베푸시는 곳입니다. 모든 아픔과 상처를 치유해주는 곳입니다. 그래서 예수님은 성전에 와 있는 모든 환자들을 고쳐주셨습니다.

교회는 상처받는 곳이 아닙니다. 교회는 하나님의 사랑으로 치유 받는 곳입니다. 그래서 예수님은 우리를 은혜의 보좌 앞으로 초대하십니다.

예수님께 나온 사람들은 다 고침 받았습니다. 예수님께 나온 사람들은 다 나음을 입었습니다. 예수님께 나온 사람들은 다 치유 받았습니다. 육체의 병뿐만 아닙니다. 가슴의 상처도 다 치유 받았습니다. 마음의 아픔도 다 치유 받았습니다. 영혼의 고통을 다 치유 받았습니다. 오늘 이 시간에도 치유의 은혜가 있기를 바랍니다. 우리가 지난 한 주간 동안 이렇게 살다 왔든지 행복한교회에서 예수님의 사랑으로 다 치유 받기를 바랍니다.

지난 주간에 감정이 상하신 일이 있었습니까? 감정의 치유가 있기를 바랍니다. 육신적인 지병의 치유가 필요하십니까? 하나님의 능력으로 고침 받을 수 있기를 바랍니다. 정서적인 무력감과 우울증 그리고 디프레션에 빠져 있습니까? 주님의 만져주심으로 회복되기를 바랍니다.

"하나님은 치료하는 여호와이십니다" (출 15:26)

우리가 주일이 되어 교회에 나올 때는 어떤 심정으로 나왔든지 예

교회는 지금 공사 중

배를 마치고 나갈 때는 완전한 치유와 회복이 있기를 바랍니다.

사랑하는 행복한교회 성도 여러분!

교회는 만민이 치유 받는 집입니다. '어거스틴'이 말한 대로 교회는 어머니 가슴과 같은 치유의 은혜가 있습니다. 저는 우리 행복한교회에 나오는 모든 분들에게 날마다 치유의 은혜가 임하기를 소원합니다.

상한 감정의 치유와 함께 파괴된 영혼이 예수님의 사랑과 능력으로 치유되는 은혜를 날마다 체험하며 사시기를 바랍니다. 병든 생활의 치유와 함께 파괴된 영혼이 예수님의 사랑과 능력으로 치유되는 은혜를 날마다 체험하며 사시기를 바랍니다. 육신적 질병의 치유와 함께 파괴된 영혼이 예수님의 사랑과 능력으로 치유되는 은혜를 날마다 체험하며 사시기를 바랍니다.

만유의 주를 예배하는 집

교회는 만유의 주를 예배하는 집입니다. 교회의 기본 목적은 하나님께 예배드리는 것입니다. 그래서 신약 시대의 교회 건물을 예배당이라고 부르기도 합니다. 교회가 존재하는 최고의 목적은 하나님께 예배하는 일입니다. 교회의 본질은 예배입니다.

본문 15절과 16절의 핵심단어는 '찬미과 찬양' 곧 '예배'입니다. 예수님은 정곡을 찔러 지적하고 계십니다. 어린아이들도 교회에 나와 예배할 줄 아는데 어른들은 교회에서 장사하고 있다고 깨우쳐주십니다.

21세기의 주제는 본질 회복입니다. 제단을 쌓는 삶을 회복해야 합니다. 예배생활 회복입니다.

하나님은 오늘도 예배하는 자를 찾으십니다. 신령과 진정으로 예배하는 자를 축복하십니다. 성경 어디를 봐도 예배가 있는 곳에는 반드시 축복이 임합니다. 제단을 쌓는 곳마다 하나님이 임재하셔서 축복하십니다.

교회의 가치는 하나님의 영광이 머무는 데 있습니다. 하나님의 임재가 있기 위해서는 반드시 예배가 선행되어야 합니다. 사역과 봉사 이전에 예배입니다. 활동 이전에 예배입니다. 우리는 예배를 최우선해야 합니다. 예배는 가장 가치 있는 일입니다. 그래서 'worship'입니다.

요즘 어떤 일로 바쁘십니까? 어떤 어려운 상황에 처해 계신가요? 무엇이 마음을 무겁게 합니까?

제2차 세계대전이 발발했을 때 영국 국민들은 불확실한 미래에 대한 불안과 공포에 휩싸였습니다. 이때 영국 황실과 '윈스턴 처칠' 수상은 존경받는 목회자였던 '윌리엄 템플'에게 전 국민에게 보내는 방송 설교를 의뢰했습니다.

템플 목사는 그의 역사적인 설교를 이렇게 시작했습니다.

"대영제국의 국민 여러분! 잠시 후 이 땅의 모든 교회들은 동시에 종을 울릴 것입니다. 종소리를 듣거든 우리 모두 교회로 나아가십시다. 그리고 하나님께 예배하십시다. 역사의 주인 되신 하나님을 바라봅시다. 지금이야말로 하나님의 인도를 받을 때입니다. 우리 모두 하나님께 나와 예배합시다."

그렇습니다. 환난의 밤이 깊을수록 먼저 예배할 시간이 된 것입니다. 지금은 그 어느 때보다 예배하는 신앙을 회복할 시점입니다. 하나님은 여러분의 예배를 받고 싶어 하십니다. 저는 주일 예배를 성공적으로 드리는 일곱 가지 원리를 강조하고자 합니다.

첫째, 주일예배 참석을 신앙생활의 최우선으로 하십시오.
둘째, 주일예배를 어떤 것과 비교할 수 없는 위치에 두십시오.
셋째, 주일예배를 양보하지 마십시오.
넷째, 주일예배를 억지로라도 드리십시오.
다섯째, 주일예배를 온전히 드리도록 결심하십시오.
여섯째, 주일예배를 위한 봉사의 자리를 만드십시오.
일곱째, 주일예배의 신비를 경험하십시오.

우리가 교회에 나와 기도하고 우리가 교회에 나와 치유의 은혜를 갈망하며 우리가 교회에 나와 하나님께 예배를 우선할수록 하늘이 열리고 땅이 풀리는 신비를 경험하게 될 줄 믿습니다. 우리 모두 교회 중심의 신앙생활을 회복합시다.

하나님은 교회에 나와 엎드려 간구하는 기도에 더욱 귀를 기울여주십니다. 여러분의 아픔을 치유해주십니다. 하나님은 여러분의 아픔을 어루만져주십니다. 오늘도 여러분의 예배를 기뻐하시고 하늘을 열어주십니다.

사랑하는 행복한교회 성도 여러분!

교회의 기본 목적은 하나님께 예배드리는 것입니다. 교회가 존재하는 최고의 목적은 하나님께 예배하는 일입니다. 교회의 본질은 예배입니다.

21세기의 주제는 본질 회복입니다. 제단을 쌓는 삶을 회복해야 합니다. 예배생활 회복입니다. 하나님은 오늘도 예배하는 자를 찾으십니다. 신령과 진정으로 예배하는 자를 축복하십니다. 성경 어디를 봐도 예배가 있는 곳에는 반드시 축복이 임합니다. 제단을 쌓는 곳마다 하나님이 임재하셔서 축복하십니다.

교회의 가치는 하나님의 영광이 머무는 데 있습니다. 하나님의 임재가 있기 위해서는 반드시 예배가 선행되어야 합니다. 사역과 봉사 이전에 예배입니다. 활동 이전에 예배입니다. 우리는 예배를 최우선해야 합니다. 예배는 가장 가치 있는 일입니다.

사랑하는 행복한교회 성도 여러분!

우리는 교회 중심의 신앙생활 회복을 체험해야 합니다.

그렇게 하기 위해서는 먼저 교회를 사랑해야 합니다. 왜냐하면 교회를 통하여 역사하시기 때문입니다. 내 집은 만민이 기도하는 집이라고 하셨습니다. 따라서 우리는 기도해야 합니다. 기도는 역사를 이룰 줄로 믿습니다. 기도는 내가 하는 것이 아닙니다. 기도는 하나님께서 내 대신 일을 하실 수 있도록 내어놓는 일입니다. 기도는 실패자의 한숨이 아닙니다. 기도는 승리자의 외침입니다.

교회는 지금 공사 중

여러분이 기도하므로 가정이 살아날 줄로 믿습니다. 여러분이 기도하므로 공동체가 살아날 줄로 믿습니다. 기도 외에는 민족을 살릴 길이 없습니다. 기도 외에는 공동체를 살릴 길이 없습니다. 기도해야 합니다. 기도할 때 역사는 나타납니다. 기적은 일어납니다. 회복의 역사가 임할 것입니다. 교회는 기도하는 거룩한 장소입니다. 응답의 장소입니다.

그리고 교회는 만민이 치유 받는 집입니다. '어거스틴'이 말한 대로 교회는 어머니와 가슴과 같은 치유의 은혜가 있습니다. 저는 우리 행복한교회에 나오는 모든 분들에게 날마다 치유의 은혜가 임하기를 소원합니다.

상한 감정의 치유와 함께 파괴된 영혼이 예수님의 사랑과 능력으로 치유되는 은혜를 날마다 체험하며 사시기를 바랍니다. 병든 생활의 치유와 함께 파괴된 영혼이 예수님의 사랑과 능력으로 치유되는 은혜를 날마다 체험하며 사시기를 바랍니다. 육신적 질병의 치유와 함께 파괴된 영혼이 예수님의 사랑과 능력으로 치유되는 은혜를 날마다 체험하며 사시기를 바랍니다.

그리고 교회의 기본 목적은 하나님께 예배드리는 것입니다. 교회가 존재하는 최고의 목적은 하나님께 예배하는 일입니다. 교회의 본질은 예배입니다.

21세기의 주제는 본질 회복입니다. 제단을 쌓는 삶을 회복해야 합니다. 예배생활 회복입니다. 하나님은 오늘도 예배하는 자를 찾으십니다. 신령과 진정으로 예배하는 자를 축복하십니다. 성경 어디를 봐도 예배가 있는 곳에는 반드시 축복이 임합니다. 제단을 쌓는 곳마다 하나님이 임재하셔서 축복하십니다. 이런 축복의 역사가 교회를 통해서 나타날 줄로 믿습니다. 교회를 통해서 역사하실 줄로 믿습니다.

교회는 지금 공사 중

교회 생활
업그레이드

똑같이 보관한 '망고'라도 너무나도 달콤한 망고가 있는 반면에 대단히 신 망고가 되어버리는 경우가 있습니다. 똑같은 세월 동안 말씀을 듣고 똑같은 구역 공동체에 참여하고 똑같이 반복되는 주일생활을 하는 가운데서도 단맛이 나는 성도가 있는 반면에 신맛이 여전히 빠지지 않은 성도가 있습니다.

'교회 생활'을 '업그레이드Up-Grade' 시킨다는 것은 교회 생활의 구조에 대한 것이요, 교회 생활의 핵심core에 관한 것입니다.

히브리서 3장은 믿는 사람에게 주신 말씀입니다. 이미 복음을 받아들인 유대의 율법주의자들 중에 교회 생활을 하면서도 여전히 옛 생활에 매력을 느끼며 그것에 이끌리는 사람들이 있었습니다.

예수님도 보이지만 모세도 보이는 그들에게 히브리서를 통하여 주님은 강력하게 권면하고 있습니다.

주님께서 기뻐하시고 품격 있는 교회 생활로 업그레이드하려면 어떻게 해야 합니까?

예수님을 깊이 생각

우리는 이 땅에 발을 딛고 살지만 하나님께 택함 받고 부름 받은 사람들입니다. 우리는 원래 거룩함이 없이 죄에 묶여 사는 존재였습니다. 그러나 예수십자가의 보혈의 은총을 누리게 된 이후에 '거룩한 형제들(성도)'로 이름이 바뀌게 되었습니다. 누구든지 예수그리스도 안에 있으면 거룩함이 덧씌워집니다.

거룩한 형제로서 자기인식을 하는 사람들은 "예수님을 깊이 생각해야" 할 사명이 있습니다. '깊이 생각하라'는 것은 '심사숙고하라', '푹 빠져라', '예수님께 온전히 물들어라', '예수의 사람으로 자신을 투신하라'는 의미입니다. 왜 우리가 예수님을 깊이 생각해야 합니까?

1. 예수님은 믿는 도리의 사도시기 때문입니다

예수님은 하나님께서 파송하신 사도이십니다. 하늘의 비밀을 다 가지고 계십니다. 아무든지 나로 말미암지 않고는 아버지께로 올 자가 없다고 말씀하셨습니다. 따라서 우리가 하나님을 알기 위해서 믿음의 사도이신 예수님을 더 많이 알아야 됩니다. 우리가 내세를 알기 위해서 믿음의 사도이신 예수님을 더 많이 알아야 됩니다. 우리가 믿음생활의 충만함을 가지기 위해서는 믿음의 사도이신 예수님을 더 많이 알아야 됩니다.

2. 예수님은 우리를 대표하고 대신하는 대제사장이시기 때문입니다

예수님은 인간 편의 아픔과 무지함과 죄악의 짐을 홀로 지시고 하나님 편에 나아가는 대제사장이십니다. 믿는 도리의 사도시며 우리를 위한 대제사장이신 예수를 깊이 생각하는 것은 믿는 자의 자연스러운 모습이 아닐 수 없습니다. 예수님께 나 자신을 드린다 하는 것은 겉만 변하는 것이 아닙니다.

나의 가치관을 온전히 주님 앞에 드려야 합니다. 나의 안목을 온전히 주님 앞에 드려야 합니다. 나의 삶이 온전히 주님 앞에 드려져서 주님의 가치관이 나의 가치관이 되고 주님의 뜻이 나의 뜻이 되는 것입니다.

시간 남으면 예수 믿어주고 시간 남으면 봉사해주는 것이 아닙니다. 삶의 최우선 순위에서 주님께 몰두해야 됩니다. 육신만 아니라 영생을 보장하시는 주님과 우리 사이가 분리되어서는 안 됩니다.

교회 생활은 표면적인 것에 있는 것도 직분에 있는 것도 아닙니다. 생명의 주님과 나와 어떤 관계에 있느냐가 중심이 되어야 합니다. 우리는 예수님 전문가가 되어야 합니다. 예수님께 내 인생을 헌신해야 됩니다.

그 당시 유대주의자들에게는 모세가 너무 컸습니다. 주님보다 클 때도 있었습니다. 이런 이유로 히브리서 기자는 모세는 '사환 servant(종)'이었지만 예수님은 하나님으로서 '하나님의 아들이시라'고 말합니다.

그러기에 우리의 인생과 신앙의 초점은 당연히 예수님께 가 있어야 합니다. 우리의 교회 생활의 구조조정 1순위는 우리의 믿는 도리의 사도시며 대제사장이신 예수를 깊이 생각하고 주님께 믿음의 재헌신을 하는 데 있습니다.

'예수 중독자'가 되어야겠다고 결심한 '손양원' 목사님처럼 내 인생을 다 드려서 주님께 집중해야 합니다. 우리 가문이 주님께 집중하면 주님께서도 우리 자신과 우리 가문에 하나님이 은혜의 손길로 집중하실 것입니다.

사랑하는 행복한교회 성도 여러분!

주님께서 기뻐하시고 품격 있는 교회 생활로 업그레이드하려면 어떻게 해야 합니까? 예수님을 깊이 생각해야 합니다. 왜냐하면 예수님은 믿는 도리의 사도시기 때문입니다. 예수님만을 믿고 나아가야 합니다. 믿음의 주님이십니다. 그리고 예수님은 우리를 대표하고 대신하는 대제사장이시기 때문입니다. 우리는 예수님께 집중해야 합니다. 온 힘을 기울여야 합니다. 예수님께만 내 인생을 헌신해야 합니다.

성령의 음성

성도의 마음이 차돌멩이처럼 굳어지면 은혜가 떨어집니다. 우리가 은혜 받을 때는 심령이 먼저 은혜를 받아야 됩니다. 주의 은혜는 성령의 음성을 들을 때 가능한 것입니다. 성령의 음성은 세미하기 때문에 마음이 혼란하거나 생활이 번잡한 사람들은 주의 음성을 들을 수가 없습니다.

내가 비록 복잡한 곳에 살지만 내 심령에 골방이 마련되어 있고 사도 바울이 아라비아 광야에 나갔던 것처럼 내 맘이 광야가 될 때에 주의 음성이 비로소 들리게 됩니다. 우주만물을 통치하시고 우리의 가정과 인생을 지금도 다스리는 주님과 의사소통communication이 되어야 합니다.

지금도 여전히 말씀하시는 주의 음성을 들을 수 있어야 합니다. 그래야 우리의 인생을 걸 수도 있고 남들이 다 아니라고 할 때도 진리의 편에 설 수가 있습니다. 믿는 자의 특권은 주님의 음성을 듣는 특권입니다. 주의 음성을 들을 때 우리는 삶의 승리자가 될 수 있습니다.

왜 많은 현대 그리스도인들이 허약한 성도가 되었습니까? 주의 음성을 듣지 못하는 것 때문입니다. 정보는 많고 성경도 너무나도 좋으나 확신이 부족합니다. "주님이 날 위해 죽으시고 날 위해 사셨다, 나는 주님의 자녀이다, 나는 주님의 사역자다, 우리 자녀들은 예루살렘 성전의 야긴과 보아스처럼 하나님이 쓰시는 일꾼이요 하나님의 자녀이다"라는 불타는 확신이 있으면 세상에 호락호락 끌려 다니지 않습니다. 성령께서 주의 말씀을 통하여 환경을 통하여 나에게 개인적으로 주시는 세미한 음성이 들릴 때 그때 우리는 확신할 수 있으며 불굴의 믿음으로 나아갈 수 있습니다.

사랑하는 행복한교회 성도 여러분!

주님께서 기뻐하시고 품격 있는 교회 생활로 업그레이드하려면 어떻게 해야 합니까? 그렇게 하기 위해서는 성령의 음성을 들어야 합니다. 지금도 여전히 말씀하시는 주의 음성을 들을 수 있어야 합니다.

그래야 우리의 인생을 걸 수도 있고 남들이 다 아니라고 할 때도 진리의 편에 설 수가 있습니다. 믿는 자의 특권은 주님의 음성을 듣는 특권입니다. 주의 음성을 들을 때 우리는 삶의 승리자가 될 수 있습니다.

매일 피차 권면

"오직 오늘이라 일컫는 동안에 매일 피차 권면하여 너희 중에 누구든지 죄의 유혹으로 완고하게 되지 않도록 하라" (13절)

교회 생활하는 가운데 도움 받기를 꺼려하는 것은 교만한 마음입

교회는 지금 공사 중

니다. 도움을 받읍시다. 주저하지 말고 우리보다 연약한 자를 도웁시다. "피차(서로) 매일 권면하라"는 것은 명령형으로 "서로 사랑하세요"라는 의미입니다. 서로 권면하는 믿음one another type faith을 말합니다.

혼자 고고하게 독불장군으로 믿는 것이 아니라 서로 돕고 세우며 살라는 것입니다. 교회가 믿음의 공동체, 사랑의 공동체로 성장하는 데 모두가 기여해야 합니다. 함께 세워가야 합니다. 믿음의 가족들 가운데 가진 것 없고 잘하는 것 없다고 걱정하지 마십시오.

하나님께서 우리 각자에게 주신 은사를 다 활용하여 도움 받기를 낯설어하지 말고 도움 주기를 꺼려하지 마십시오. 우리 모두가 함께 우리 공동체를 세워가야 합니다. 가정의 울타리가 믿음 안에서 지켜져야 되겠지만 가정의 울타리를 벗어나서 남편도 주를 위하여 아내도 주를 위하여 자녀도 주를 위하여 사는 것이 진짜 가정입니다. 진리를 위해서 가정을 초월할 때도 있어야 교회공동체는 건강하게 지탱됩니다.

사랑하는 행복한교회 성도 여러분!

주님께서 기뻐하시고 품격 있는 교회 생활로 업그레이드하려면 어떻게 해야 합니까? 서로 피차 권면하고 사랑해야 합니다. 하나님께서 우리 각자에게 주신 은사를 다 활용하여 도움받기를 낯설어하지 말고 도움주기를 꺼려하지 마십시오. 우리 모두가 함께 우리 공동체를 세워가야 합니다. 그럴 때 교회는 건강하게 성장할 줄로 믿습니다. 튼튼히 세워져갈 줄로 믿습니다. 이런 교회가 행복한교회가 되기를 바랍니다.

사랑하는 행복한교회 성도 여러분!

주님께서 기뻐하시고 품격 있는 교회 생활로 업그레이드하려면 어떻게 해야 합니까? 우리의 믿는 도리의 사도시며 대제사장이신 예수를 깊이 생각하여 주님과 생명적 관계를 가져야 합니다.

그리고 주님께서 기뻐하시고 품격 있는 교회 생활로 업그레이드하려면 어떻게 해야 합니까? 우리의 인생을 다스리시는 성령의 음성을 들으며 확신 있게 사셔야 합니다.

또한 주님께서 기뻐하시고 품격 있는 교회 생활로 업그레이드하려면 어떻게 해야 합니까? 서로 피차 권면하고 사랑해야 합니다. 매일 피차 권면하여 서로 돕고 세워가는 사랑의 공동체를 만들어 가십시오. 주님께 집중하고 성령의 음성에 민감하고 공동체를 함께 믿음으로 세워가는 교회 생활의 구조로 업그레이드될 때 우리 하나님께서는 반드시 풍성한 은혜와 열매를 주실 것입니다.

신령과 진정으로
예배드리는 교회

오늘은 행복한교회 창립 35주년 기념주일입니다. 하나님께서 이 땅에 이곳에 행복한교회를 세워주시고 친히 영광을 받아주셨습니다.

박재수 원로목사님과 성도님들께서 주님의 몸 된 교회를 위해서 충성하시며 헌신하시고 모든 것을 바쳐서 여기까지 세워주셨습니다. 우리와 함께 있었던 분들 중에 먼저 떠나서 하나님 앞에 서신 분들도 여러 분이 있는 것을 우리가 알고 있습니다.

20대, 30대, 40대, 50대에 젊은 청장년들로 교회를 섬기셨던 분들이 이제는 연세가 50대, 60대, 70대 그리고 80대가 되셨습니다. 지금도 교회를 위하여 기도하시고 계십니다. 교회를 사랑하십니다. 그리고 교회를 위해서 충성하시고 섬기시는 분들이 얼마나 많은지 모릅니다.

하나님께서 우리 교회와 성도들에게 크신 복을 주셨습니다. 아름다운 새 성전도 짓게 하셨습니다. 그리고 앞으로도 크신 복을 주실 줄

네번째 이야기, 회복하는 교회

믿습니다. 부족한 사람이 행복한교회 담임목사가 된 지도 6년 5개월이 되었습니다.

저는 마음속으로 행복한교회가 어떤 교회가 되어야 할 것인가, 어떤 교회가 되면 하나님께서 기뻐하시고 하나님 마음에 합당하신 교회로 설 수 있는가를 생각해 보았습니다.

우리는 4월 첫째 주를 고난 주간으로 지켰습니다. 잠시나마 바쁘던 우리의 일상에서 벗어나 주님의 십자가를 생각하면서 묵상했습니다. 십자가 안에서 우리는 우리의 죄악과 무지함을 봅니다. 우리가 얼마나 하나님을 향하여 대적했는가? 그래서 우리가 우리의 손으로 하나님의 아들을 십자가로 못 박는 가장 참혹한 일을 행했는가? 하는 우리의 아픈 죄악을 보았습니다.

동시에 우리를 대신하여 십자가를 통해서 하나님께서 죄악의 자리에 하나님의 아들을 친히 보내셔서 십자가에 못 박히게 하는 하나님의 놀라운 용서의 사랑을 보았습니다. 하나님의 은혜를 봅니다.

우리 죄인들을 마다하지 않고 하나님의 아들과 딸로 받아들이시는 하나님의 놀라운 은총의 역사를 보게 됩니다. 그런 점에서 십자가는 예수 그리스도를 믿는 믿음의 사람들에게 신앙의 핵심이라고 할 수 있습니다.

사랑하는 행복한교회 성도 여러분!

우리가 가지고 있는 신앙 태도의 핵심은 무엇일까요? 그것은 하나님 앞에 예배드리는 것입니다. 십자가는 우리 신앙 내용의 핵심입니다. 그리고 예배드리는 것은 신앙 태도에 핵심적인 모습입니다. 예배드린다는 것은 무슨 의미를 갖고 있습니까?

'예배하다'라는 말은 영어로 'Worship'이라고 말합니다. 이 말은 영어로는 두 단어가 합성되었습니다. 'Worth'라는 단어와 'ship'이라는 단어가 합쳐져서 'Worship'이란 단어가 되었습니다.

이 말의 뜻은 "가치 있는 일을 가치 있게 대한다"라는 뜻입니다. 그 대상이 가지고 있는 궁극적인 귀함의 가치를 인정한다는 것입니다. 그 대상이란 누구입니까? 그 대상은 바로 하나님이십니다. 따라서 예배란 하나님이 어떤 분이신지 인정하는 것입니다. 하나님을 존중하는 것입니다. 하나님을 높이는 것입니다.

종교개혁자였던 '마틴 루터'는 "하나님을 하나님 되게 하라!"고 외치면서 예배를 참으로 회복하는 일로부터 종교개혁을 시작했습니다. 무엇보다 우선적으로 예배를 회복하셔야 합니다. 하나님을 하나님 되게 하라는 말은 무슨 뜻입니까? 하나님이 창조주면 창조주로 모시라는 말입니다.

또한 하나님이 구원주이면 구원주로 모시라는 것입니다. 하나님께서 역사의 주인이신 것을 깨달으면 역사와 시간을 하나님께 드리라고 우리들에게 가르쳐주고 있는 것입니다. 우리는 하나님이 어떤 분인지를 알아야 바르게 예배드릴 수 있게 됩니다. 그럼 어떻게 영과 진리로 예배를 드려야 할까요?

하나님은 영

하나님은 영이시니 예배하는 자가 靈(영)과 眞理(진리)로 예배하라고 하셨습니다. 예수님께서는 우리들에게 "하나님은 영이시다"라고 가르쳐주십니다. 하나님이 영이라는 말에는 두 가지 의미가 내포되어 있습니다. 하나는 하나님께서는 우리의 눈에 보이지 않는 초월적인 분이라는 뜻입니다. 우리의 귀에 들리지 않는 초월적인 분이라는 뜻입니다. 우리의 생각으로 그분을 붙잡을 수가 없는 초월적인 분이라는 뜻입니다. 하나님은 창조주이시지 피조물이 아니라는 말씀입니다.

하나님은 영원하시고 거룩하시기 때문에 우리 같은 죄인이 감히 하나님과 접촉할 수가 없다는 뜻에서 하나님은 영이라고 말씀하고 계신 것입니다.

그러나 동시에 이런 뜻도 담겨져 있습니다. 하나님은 영이시기 때문에 우리를 영적인 존재로 만드셨습니다. 그럼으로 인해서 하나님이 우리와 더불어 함께 있겠다는 말씀입니다. 하나님의 형상을 따라 지은 인간을 만나시고 대화하기를 원하시는 분이 우리 영으로 계신 하나님이십니다.

그래서 하나님은 우리의 낮은 자리에 참여하십니다. 하나님께서는 우리의 고통스러운 자리에 영으로 참여하고 계십니다. 바로 하나님은 영이시기 때문에 우리가 예배드릴 때 하나님 앞에서 영과 진리로 나아가는 것입니다. 우리가 예배드리게 되면 하나님께서 우리를 만나시게 됩니다. 거룩하신 하나님께서 죄인 된 인간의 세계에 참여하는 자리가 바로 우리가 예배드리는 자리인 줄로 믿습니다.

창조주 하나님께서 피조물인 인간을 만나시는 그 자리가 바로 지금 우리가 예배드리는 이 시간 이 자리입니다. 하늘로도 하나님을 다 용납할 수가 없는데 놀랍게도 우리 하나님께서는 영으로 계시기 때문에 인간이 지어놓은 이 성전 안에서 영으로 우리와 만나고 계신 것입니다.

그런 점에서 예배란 우리 믿음의 사람들이 경험하는 최고의 놀라운 사건이 됩니다. 죄인들이 감히 거룩하신 하나님을 만나는 장소가 바로 하나님의 것이며 예배드리는 시간이기 때문에 그렇습니다.

그러므로 예배를 드리는 사람들은 하나님을 만나는 경탄을 하게 되고 감격하게 되는 것입니다. 나 같은 자를 찾아오신 거룩하신 분 하나님 앞에 감히 설 수 없는 나에게 은총으로 찾아오신 그분을 향해서 예배드릴 때 우리는 하나님을 향하여 노래하고 하나님을 향하여 찬양하게 되는 것입니다.

우리의 몸으로 성육신하신 예수 그리스도가 하나님의 사랑의 표시였다고 한다면 우리가 주님 앞에 예배드릴 때 하나님의 성령께서 우리를 찾아오시는 것도 하나님의 사랑과 은총의 표시입니다.

그렇다면 교회가 가장 먼저 해야 할 일은 무엇일까요? 창조주 하나님, 구원의 하나님을 찬양하며 그분 앞에 예배드리는 일이야말로 교회가 먼저 해야 할 일입니다.

사랑하는 행복한교회 성도 여러분!

하나님은 영이십니다. 하나님은 진리이십니다. 죄인 된 우리가 하나님을 예배하는 것 자체가 은혜입니다. 예배를 통해서 하나님을 만나는 것은 기적입니다. 그렇게 만나기로 약속하셨습니다. 은혜를 베풀어주신 것입니다.

따라서 우리는 날마다 모여 하나님을 찬양하며 영으로 진리로 예배해야 합니다. 예배가 살아야 내가 사는 것입니다. 영이 살아야 내가 사는 것입니다. 진리 가운데 있어야 내가 사는 것입니다. 날마다 영과 진리로 예배하는 삶을 살아가시기를 바랍니다.

예배드릴 때는 어떻게?

우리가 예배드릴 때 어떻게 드리라고 했습니까? 주님 앞에 나아갈 때 영과 진리로 예배드려야 한다고 했습니다. 그렇다면 영으로 예배드리는 것, 진리로 드린다는 것은 무엇을 뜻하는 것일까요? 이 말은 잘못된 예배를 드리는 사람이 있다는 것입니다. 거짓 예배를 드릴 수도 있다는 것입니다. 영으로 드리지 않은 예배는 거짓 예배라는 것입니다. 진리로 드리지 않는 예배는 부정한 예배라고 우리들에게 가르쳐줍니다. 예수님께서 사마리아 여인을 만났을 때 여인은 우리가 힘껏 예배드렸다고 말합니다.

그런데 예수님은 잘못된 예배를 드렸다고 말씀하셨습니다. 예배라는 것은 형식도 있고 모양도 갖추어졌지만 진정한 예배가 아니라고

교회는 지금 공사 중

말씀하시면서 우리에게 참된 예배를 가르쳐주셨습니다.

여러분! 우리가 어떤 경우에 잘못된 예배, 거짓의 예배를 드리게 될까요? 우리가 예배드릴 때 장소에 집착하는 예배는 잘못된 예배입니다. 형식에 연연하는 예배도 잘못된 예배입니다. 예수님께서는 말씀하십니다. "여자여 내 말을 믿어라! 이 산에서도 말고 예루살렘에서도 말고 너희가 아버지께 예배할 때가 이르리라!'

사랑하는 행복한교회 성도 여러분!

예배 장소에 은혜 받지 말고 하나님께 은혜를 받아야 합니다. 모양과 형식을 통해 은혜를 받지 말고 하나님의 말씀을 듣고 깨달으면서 은혜를 받아야 합니다. 그렇지 않으면 우리의 예배는 외향적인 예배 형식에 붙잡힌 예배가 되어버립니다.

어떤 목사님께서 성지순례를 하면서 이렇게 기도했다고 합니다.

"주님! 예수님께서 거닐었던 땅 성지를 밟으며 은혜를 받게 하시옵소서. 그러나 그 땅을 밟았다고 은혜 받지 않게 하시고 나를 위해 돌아가신 예수님을 생각하면서 은혜 받게 하시옵소서."

그렇습니다. 우리는 때로 너무 땅에 은혜를 받습니다. 형식에 은혜를 받습니다. 그러나 주님은 말씀하십니다. "하나님께 은혜를 받아라!" 하나님께 은혜를 받으라는 것입니다. 하나님의 말씀을 깨달으면서 하나님의 영이 함께하시는 것을 깨달으면서 은혜를 받으라고 말씀하십니다.

어떤 분들은 예배당에 나와 앉아 있으면 평안하다고, 안전하다고 생각하는 분들이 있습니다. 아주 귀한 마음입니다. 아주 소중한 마음입니다. 아주 아름다운 마음입니다. 목사인 저도 그런 마음이 있습니다. 우리 성도님들이 가능하면 주일예배뿐만 아니라 새벽기도회, 금요 철야기도회에도 나오시는 분들이 참으로 많았으면 좋겠습니다. 모든 성도들이 적어도 일주일에 한 번은 새벽에 일어나 나아오십시오.

하나님 앞에 나와 기도하고 교회를 거쳐서 가정으로 가서야 합니다. 교회를 거쳐서 직장으로 나가셔야 합니다. 하나님을 찬양하는 하나님의 사람이 되었으면 좋겠습니다.

우리 제직들은 일주일에 두 번 이상 새벽기도회와 금요 철야기도회에 나와서 하나님 앞에 기도하며 은혜를 받았으면 좋겠습니다.

그러나 분명히 알고 명심해야 할 것은 새벽기도를 나온다고, 금요 기도회를 나온다고, 주일예배를 나와 성전에 앉아 있었다고 나의 신앙과 나의 구원이 보장되는 것은 결코 아니라는 사실입니다.

그렇게 잘못 생각하게 될 때 내 가슴에 주님을 뜨겁게 만나는 감사와 감격이 사라지게 됩니다. 그것은 바로 목이 곧은 바리새인처럼 되는 길입니다.

'내가 얼마만큼 교회를 열심히 다녔는데, 내가 교회 땅을 얼마나 밟았는데, 내가 교회에 얼마나 헌금을 많이 냈는데, 내가 교회 봉사를 얼마나 많이 했는데……'라고 생각하지만 그것이 나에게 구원과 하나님이 주시는 은혜의 역사를 보장해주는 것이 결코 아닙니다.

매순간 얼마만큼 영과 진리로 주님을 사랑하면서 만났는가 하는 것입니다. 거기에 참신앙의 모습이 있고 참된 구원의 역사가 있게 됩니다.

이사야 선지자는 이사야 1장 11절과 12절을 통해서 이렇게 말씀합니다.

"여호와께서 말씀하시되 너희의 이 무수한 재물이 내게 무엇이 유익하뇨 나는 숫양의 번제와 살진 짐승의 기름에 배불렀고 나는 수송아지나 어린 양이나 숫염소의 피를 기뻐하지 아니하노라 너희가 내 앞에 보이러 오니 이것을 누가 너희에게 요구하였느냐 내 마당만 밟을 뿐이니라"

사랑하는 행복한교회 성도 여러분!

이 시간 어떻게 오셨습니까? 하나님의 눈도장을 받기 위해서 이 자리에 혹 앉아 있지는 않습니까? 세상에서 재력이나 권력이 있는 사람들의 자녀들이 결혼하게 될 때 수많은 사람들이 줄을 서는 것을 자주 보게 됩니다. 그런 일이 있을 때 신문기자들이 "눈도장을 받기 위해서 그렇게 줄을 서고 있다"라고 표현한 것을 읽은 적이 있습니다.

여러분! 목사의 눈도장을 받기 위해서 교회에 나온 분은 없습니까? 그것은 올바른 예배가 아닙니다. 또한 예배를 드리면서 마음속은 딴 생각을 하고 있으면 안 됩니다.

그리고 세상에서 지었던 죄에 대해서는 회개하지 않고 악과 불의를 행합니다. 양심에 가책을 받지 않습니다. 그러면서도 내가 교회의 땅만 밟으면 주일에 교회에 와서 한 시간 예배만 드리면 내 인생의 마지막 구원은 보장되어 있다고 생각한다면 그것은 분명 잘못된 생각입니다.

'A.W. 토저' 목사님은 《예배인가? 쇼인가!》라는 책에서 하나님께 예배드리는 사람들의 마음속에 경탄과 두려움이 사라진 채로 예배를 드리게 될 때 그것은 예배로서의 모든 가치가 사라지고 쇼처럼 바뀐다고 위험성을 경고하고 있습니다. 왜 그럴까요? 하나님을 위해서 예배드리는 것이 아니라 내 자신의 만족을 위해서 예배드리기 때문에 그렇습니다.

우리는 창세기에 있었던 첫 형제 가인과 아벨의 이야기를 알고 있습니다.

하나님께서 아벨의 예물을 기쁘게 받으셨으나 가인의 예물은 받지 않으셨습니다. 그때 가인은 무릎 꿇지 않았습니다. 오히려 하나님을 향해서 불평하며 하나님을 비난했습니다.

그리고 자신의 동생 아벨을 쳐 죽이는 살인죄를 범하게 됩니다. 왜 그랬습니까? 아벨은 하나님이 기뻐하시는 방식대로 하나님의 마음에 합하게 드렸습니다. 그러나 가인은 자기의 방식대로 자기만족을 위해서 하나님께 드린 것이 너무나 명백합니다. 왜냐하면 그가 꾸중을 당할 때 회개하지 않았기 때문입니다.

하나님 중심으로 하나님을 사랑한 것이 아니라 자신의 방식대로 하나님을 좌지우지하려고 했던 것이 가인이 가지고 있었던 신앙의 모습이었습니다.

여러분들도 혹시 가인처럼 여러분의 방식대로 하나님을 좌지우지하려고 하지는 않으십니까? 다 벗어버리기를 바랍니다. 마음을 다한 사랑이 베어져 나오지 않는 예배, 그것은 하나님께서 거절하십니다.

하나님께서 말씀하십니다.

"사람은 외모를 보거니와 나 여호와는 중심을 보느니라" (삼상 16:7)

여러분! 꼭 기억하십시오. 하나님을 하나님 되게 하지 못하는 방법으로 예배드리는 것은 피조물인 우리에게 있어서 하나의 재앙입니다. 하나님 중심으로 예배드리는 것이 아니라 내 중심으로 예배드리면서 나는 온전하게 하나님을 잘 섬겼다고 착각하는 것처럼 우리에게 더 큰 재앙은 없습니다.

예배드리면서 제일 불쌍한 사람이 누구일까요? 구경꾼으로 앉아서 예배드리는 사람입니다. 비판자로 앉아서 예배드리는 사람입니다. '예배당은 괜찮은가? 예배의 형식은 괜찮은가? 오늘 기도하는 분의 기도는 괜찮은가? 찬양대가 찬양을 하는데 수준은 어떤가? 설교는 들을만한 내용이 과연 있는가?' 라고 끊임없이 속으로 비판하면서 구경꾼처럼 예배를 드리게 되면 아무리 백번, 아니 천 번을 예배드린다 해도 그 예배는 올바른 예배가 될 수 없습니다.

왜 그렇습니까? 하나님께서는 인간의 교만과 오만과 자기의 의로 가득 찬 모습을 싫어하시기 때문입니다. 이렇게 예배드리는 사람은 예배가 뭔지도 알지 못하고 예배를 받으시는 하나님이 어떤 분인지 알지 못합니다.

하나님을 만홀히 여기는 예배의 모습입니다. 예수님이 하신 말씀처럼 알지 못하는 것에 예배하는 것에 지나지 않습니다.

예배는 오직

　　　　예배드리는 것은 오직 하나님에게만 집중하는 것입니다. 예배드릴 때 인생의 쓸데없는 것들을 가지치기해야 합니다. 나무가 잘 자라려면 나뭇가지를 잘라버리는 작업이 필요한 것처럼 하나님을 향해서 방해되는 것들을 과감하게 잘라버릴 필요가 있습니다.

　쓸데없는 걱정을 다 잘라버려야 합니다. 쓸데없는 근심을 다 잘라버려야 합니다. 잡된 생각을 잘라버려야 합니다. 오직 주님만을 내 앞에 모시면서 주님을 향해서 예배드리는 것이 신령과 진정으로 예배드리는 참 모습입니다.

　구약에서는 하나님께 예배드릴 때 번제물로 짐승을 죽여서 드렸습니다. 그렇습니다. 예배란 모든 것을 죽이는 것입니다. 나의 교만을 죽이는 것입니다. 나의 거짓을 죽이는 것입니다. 내가 가지고 있는 잡된 것들을 죽이는 것입니다. 나의 오만을 죽이는 것이고 나의 이기심을 죽이는 것입니다. 내 욕심을 죽이면서 오직 하나님으로 내 마음속에 기쁨을 삼으면서 나오는 것이 예배드리는 사람의 참된 모습입니다.

　하나님은 어떤 분일까요? 보이지 않는 분입니다. 측량할 수 없는 분입니다. 영원하고 무소부재하신 분입니다. 전능하신 창조주이십니다. 구원의 하나님이십니다. 이 놀라우신 하나님께서 예배를 통하여 우리 안에 참여하십니다.

　하나님이 작아지십니다. 하나님이 연약해지시고 죄인과 함께 동행하십니다.

하나님이 낮아지십니다. 하나님께서 내려오십니다. 왜 그럴까요? 하나님의 사랑 때문에 하나님의 은혜 때문에 하나님께서 우리를 찾아오시는 것입니다.

우리가 없어도 하나님은 손해를 보시지 않습니다. 우리가 찬양하지 않아도 돌들과 무생물들이 하나님을 찬양할 것입니다. 그런데 하나님께서 우리를 사랑하셔서 우리와 함께 이 자리에 거하시는 것입니다.

사랑하는 행복한교회 성도 여러분!

어머니! 하고 부르면 누구나 가슴이 메어지고 뭉클해지는 이유가 무엇일까요?

내가 앞뒤를 가리지 못했을 때 내가 기저귀를 차고 똥오줌도 가리지 못했을 때 어머니는 밤에 주무시다가 일어나서 나를 껴안으시고 내 더러운 것을 닦아 내셨고, 온몸으로 나를 사랑하셔서 이만큼 성장할 수 있게 하신 분이라는 것을 알기 때문에 누구나 '어머니'라는 말을 하면 마음속에 큰 감동이 생겨나게 됩니다.

이것은 어머니가 낮아지셨기 때문에 어머니가 자신을 버리고 자식을 생각하셨기 때문에 자신보다 자식을 우선했기 때문에 그렇습니다. 그런데 하나님은 어머니보다 더 비참한 자리에 드신 것입니다. 하늘에 계신 전능하신 하나님께서 이 땅에 오셨습니다. 영원하신 하나님이 순간 속에 들어오셔서 우리의 연약함을 대신 담당하셨습니다.

우리의 죄를 위해서 사랑하는 아들을 십자가에 못 박히게 하기까지 우리를 사랑하셔서 친히 내려오시고 우리에게 예배 받기를 원하시는 분이 우리의 하나님이십니다. 이것이 하나님의 은혜입니다. 이것이 하나님의 사랑입니다. 이것이 하나님의 용서입니다.

예배란 그럼 점에서 믿음의 사람들이 최고로 최선을 다하여 하나님 앞에 드려야 할 것입니다. 그래서 우리는 예배를 드리면서 구경꾼이 되어서는 안 됩니다. 예배를 드리면서 졸아서도 안 됩니다. 다리를 꼬고 예배드려도 안 됩니다. 다음 주일부터 방송실도 직접 담당이 아니면 나오셔서 예배를 드리세요.

왜냐하면 예배의 진정한 청중과 관객은 우리가 아니라 오직 하나님 한 분이기 때문에 그렇습니다. 우리는 많은 사람들의 시선 받기를 좋아합니다. 내가 잘한 것이 있으면 사람들에게 좀 보여주고 나를 칭찬하고 내게 박수쳐 주기를 원합니다. 때로는 아내일 수도 있습니다. 때로는 남편일 수도 있습니다. 때로는 부모님일 수도 있습니다. 때로는 친구와 동료들일 수도 있습니다. 어쩌면 우리는 이것 때문에 살아가는지 모릅니다.

그러나 예수 믿는 사람들에게는 최고의 청중과 관객이 있습니다. 최고의 청중이자 최후의 청중이고 유일한 청중이 예배 속에 우리의 하나님이십니다. 단 한 번 앞에 우리가 서는 것입니다. 하나님 마음에 들면 그때부터 예수 믿는 사람들은 담대해지게 됩니다. 용기가 생겨납니다. 환경을 넘어서는 힘이 생겨납니다.

예배를 통해서 하나님을 볼 수 있게 되고 하나님이 나를 받아주신다는 은혜를 경험하면 세상에 어느 누구도 두려워하지 않게 됩니다. 예배드리면서 하나님이 내 인생의 주인인 것을 깨닫게 되면 예수 믿는 사람들은 하나님이 주신 은총 속에서 세상의 어느 누구보다 더 용기와 담대함을 갖게 됩니다.

윈스턴 처칠이 동료 국회의원부터 오랫동안 모욕과 공격을 받은 적이 있습니다. 어느 날 친구가 처칠에게 물었습니다.

"어떻게 그렇게 비난과 공격을 계속해서 받고 있음에도 자네는 왜 고통스러워하지 않나?"

그때 처칠은 이렇게 대답했다고 합니다.

"내가 그 사람을 존경한다면 그의 의견에 신경을 쓰겠지. 그러나 그를 존경하지 않는다면 신경 쓸 필요가 없는 것이라네."

하나님이 우리를 사랑하는 자녀들이라고 말씀하시고 내가 너를 기뻐한다고 말씀하셨다면 혹시 여러분들이 다른 사람에게 칭찬을 받는다고 너무 뽐내고 교만해지지 마셔야 합니다.

혹 다른 사람에게 비난을 좀 받았다고 해도 그것 때문에 너무 마음에 상처를 받고 분노가 일어나고 실망하고 낙담하지 말아야 합니다.

예배드리는 것은 이런 것들조차도 자유하게 하는 일입니다.

"하나님! 하나님이 저를 기뻐하시면 제가 누구도 두려워하지 않고 어떤 환경도 겁내지 않고 제게 주어진 길을 뚜벅뚜벅 걸어갈 것입니다"라고 고백하는 자리가 바로 이 시간 예배드리는 순간입니다.

예배드릴 때 여러분들은 유일한 청중이고 관객이신 하나님 앞에 서게 됩니다. 이것은 참으로 놀라운 도전입니다. 엄청난 위로입니다. 우리에게 주시는 하나님의 기쁨입니다.

사랑하는 행복한교회 성도 여러분!

예배를 신령과 진정으로 드리고 계십니까? 상투적인 종교의 신발을 벗어내고 두려움과 떨림으로 하나님 앞에 서야 할 것입니다. 형식적으로 입으로만 부르는 노래를 멈추고 내 마음의 감격을 노래와 찬양으로 불러야 할 것입니다. 습관적인 넋두리 같은 기도를 멈추고 내 마음속 영원한 떨림으로 하나님 앞에 간구하는 기도를 드려야 할 것입니다. 상투적인 말씀의 나열을 멈추고 이제는 권위와 능력이 있는 하나님의 말씀을 증거하고 그 말씀을 귀담아 들어야 할 것입니다.

하나님을 가볍게 소홀히 대하지 말기를 바랍니다. 머리끝에서부터 발끝까지 내가 지금 하나님을 찬양하고 하나님께 예배드리고 있는가? 내 마음이 거룩하신 하나님 앞에서 두렵고 떨림으로 서 있는가? 바로 이 사실을 확인해야 합니다.

하나님은 하나님의 큰일을 하는 하나님의 일꾼을 원하는 것보다 하나님 앞에 영과 진리로 예배드리는 예배하는 사람들을 찾으십니다. 지금도 만나기를 원하고 계십니다. '누가 나의 마음을 시원하게 해줄까? 누가 나의 마음을 기쁘게 해주면서 예배를 드릴까?'

하나님은 지금도 그런 사람을 만나기를 원하십니다. 그 교회가 바로 우리 행복한교회인 줄로 믿습니다. 그 사람이 바로 우리 행복한교회 성도님들인 줄로 믿습니다. 하나님께 영과 진리로 예배드리는 교회와 성도가 되기를 주님의 이름으로 축원합니다.

그래서 하나님이 기뻐하시고 "내가 너를 기뻐한다. 너는 나의 사랑하는 아들이요, 딸이다"라고 하는 이 놀라운 말씀을 듣는 우리 행복한

교회가 되기를 주님의 이름으로 축원합니다. 우리 성도님들이 되시기를 다시 한 번 주님의 이름으로 축원합니다.

교회는
위로의 공동체

구약학자인 '부르스 워키Bruce Waltke' 교수는 그가 쓴 책에서 이런 이야기를 하고 있습니다.

그의 딸이 어렸을 때 어린 딸과 함께 숲 속을 거닐다가 이제 막 태어나고 있는 나비를 목격하게 되었다고 합니다. 작은 누에고치가 꿈틀거리며 돌고 있었는데 나비의 한쪽 날개가 이미 나와 있었습니다. 이 모습을 본 딸이 갑자기 딸이 소리를 치기를 "아빠! 나비가 나와요. 그런데 너무 힘든 모양이에요. 아빠! 도와주면 안 돼요?"

이때 순간적으로 부르스 워키 교수는 도와주고 싶은 충동을 느꼈다고 합니다. 그래서 그는 아주 조심스럽게 고치에 다가가서 고치 밑부분을 잡고 그것을 찢어주고자 하였습니다. 하지만 그 순간 고치는 자기를 해치려는 줄 알고 놀라서 작은 덩어리가 되어 부서져버렸고 나비는 죽어 버렸습니다.

교회는 지금 공사 중

그날 부르스 워키 교수가 배운 소중한 교훈은 "생명이 존재하기 위해서는 고통이 필요하다"는 것을 적고 있습니다. 이 땅의 삶 가운데의 고통은 우리 삶의 한 부분입니다. 이것은 우리가 그리스도인이 되었다고 해서 면제되지 않는다는 것입니다.

성경은 실제로 우리가 그리스도인으로서 경험해야 하는 고난을 예언하고 준비시키고 있습니다. 그리고 성경은 우리 성도들이 만나야 하는 고난을 가르칠 때 처방을 주십니다. 결코 고난만을 예고하지 않습니다. 고난을 극복하는 처방으로서의 위로를 동시에 약속합니다. 이것이 바로 말씀의 교훈이기도 합니다.

고린도후서 1장 3~7절에 보면 가장 많이 출현하는 단어가 둘 있습니다. 그것은 고난과 위로입니다. 그런데 고난은 성도의 신앙 여정에서도 피할 수 없는 것입니다. 그러나 우리가 고난을 직면할 때 우리는 동시에 하늘의 위로를 기대할 수 있다는 것입니다.

그리고 이것은 이 편지를 고린도교회를 향해 쓰고 있는 바울 자신의 경험이기도 합니다. 바울은 더 나아가 이 편지를 통해 이 땅에 교회가 존재하는 모습이 바로 위로의 공동체이어야 한다고 가르치고자 한 것입니다.

그러면 우리가 고난을 만날 때 고난을 극복하는 위로를 기대할 수 있는 이유는 무엇 때문입니까?

고난의 목적

고난에는 목적이 있음을 알기 때문입니다. 고난에는 목적이 있습니다.

"우리의 모든 환난 중에서 우리를 위로하사 우리로 하여금 하나님께 받는 위로로써 모든 환난 중에 있는 자들을 능히 위로하게 하시는 이시로다"(고후 1:4)

그리고 6절에서는 "우리의 환난 받는 것도 너희의 위로와 구원을 위함이요"라고 말씀합니다. 우리가 자주 사용하는 한자어 가운데 '동병상련同病相憐'이라는 말이 있습니다. "같은 병을 앓은 사람끼리 서로를 불쌍히 여기게 된다"는 말입니다.

옛날 영국 '빅토리아' 여왕 시절에 자녀를 기다리다 유산을 한 신하의 아내가 있었습니다. 그 후 그 여인이 삶의 의욕을 상실하고 죽음을 생각한다는 소식을 듣고 여왕이 친히 그녀를 방문한 일이 있었다고 합니다.

그런데 여왕의 방문 이후 이 여인은 놀랍게 회복되었습니다. 사람들이 여인에게 도대체 여왕이 찾아와 무슨 말을 해주었느냐고 묻자, 이 여인은 말하기를 "여왕은 제 손을 잡고 꼭 한 마디 말을 하셨는데 '당신의 마음이 어떤지 내가 알아요'라고 하셨습니다. 그 순간 저는 여왕폐하께서 얼마 전에 나처럼 유산한 것을 기억하고 그것이 여왕께서 나 같은 여인까지 찾아온 이유임을 깨달았습니다. 그리고 제가 그 분의 손을 잡고 있는 순간 이 고난이 나 혼자만의 것이 아닌 것을 알게 되었습니다. 그 순간 이상하게 제 가슴을 죄고 있던 고통이 저에게서 떠났습니다"라고 했습니다.

이것이 바로 위로의 능력인 것입니다. 위로라는 말은 '함께 힘을 돋운다'는 뜻입니다. 따라서 우리는 모두 고통 받는 사람들이 함께하는 자리에서 동병상련의 짐을 가진 자로서 누구나 위로자가 될 수 있습니다. 그러므로 우리가 함께하는 공동체는 고난을 이기는 새 힘을 공급받는 능력의 자리입니다. 그리고 치유의 자리인 것입니다.

'헨리 나우엔'은 이런 우리의 소명을 '상처받은 치유자'라고 했습니다. 고난은 우리를 구원하시고 하나님의 영광을 위해 크게 쓰시려는 목적으로 허용되는 하나님의 은총임을 잊지 마시기 바랍니다.

사랑하는 행복한교회 성도 여러분!

고난에는 반드시 목적이 있습니다. 우리를 사랑하시는 목적이 있습니다. 우리에게 말씀하시고자 하는 뜻이 있습니다. 음성이 있습니다. 계획하심이 있습니다. 그것은 이 땅에서 고통 받는 사람들의 마음을 헤아려주는 것입니다. 그들의 마음을 알아주는 것입니다. 그래서 공동체가 회복의 은혜가 임하는 것입니다. 치료의 은혜가 임하는 것입니다. 서로 새 힘이 되어주는 것입니다.

위로의 주님

위로의 주님을 바라볼 수 있기 때문입니다. 위로의 주님을 바라보아야 합니다.

여기서 '자비'라는 말은 복수로 되어 있습니다. 위로라는 단어 앞에도 '모든'이라는 단어가 붙어 있습니다. 다시 말해서 바울이 체험한 하나님은 자비의 아버지이십니다. 위로의 하나님이십니다. 하나님은 우리가 경험하는 온갖 사건과 상황 속에서 자비를 베푸시고 이 모든 일에 위로자가 되신다는 말입니다.

그러나 "하나님이 왜 나에게 찾아온 이런 고난과 고통을 막아주시지 않았느냐?"고 묻지는 마십시오. 이유는 아무리 성경을 묵상해도 그 대답은 쉽게 발견되지 않기 때문입니다.

그래서 우리 신앙의 선배들은 그것을 '고난의 신비'라고 말했습니다. 그러나 분명한 것은 우리 하나님은 우리의 고통을 마치 자기 자식의 고통으로 함께 아파해주시는 아버지라는 사실입니다.

하나님은 우리 고통의 아픔을 이해하시고자 인간의 고통의 극치를 친히 기꺼이 경험하신 분이십니다. 그것이 바로 그의 아들 예수 그리스도의 십자가의 사건입니다.

그러므로 친히 하나님은 우리가 겪는 그 이상의 고통을 경험하셨기 때문에 우리가 고통을 당할 때 우리 곁에 찾아오셔서 위로하시는 분이심을 믿으시기 바랍니다. 우리의 고난을 방관하지 않으십니다. 하나님은 우리 곁에 찾아오셔서 위로하시는 분이심을 믿으시기 바랍니다.

우리는 하나님의 위로가 필요합니다. 모두가 위로받아야 할 사람들입니다. 교회는 위로자가 되어야 합니다. 우리가 위로받아야 하지만 또 다른 의미에서 우리는 위로자가 되어야 합니다.

구약의 위로라는 단어는 '처한 곤경을 호전시키거나 슬픔이 변하여 기쁨 되게 하신다는 뜻'입니다. 하나님께서는 이렇게 하나님의 백성에 대한 자신의 마음을 표현하십니다. 나훔이란 이름의 뜻은 위로자입니다. 느헤미야라는 이름의 뜻은 '하나님이 위로하신다'입니다.

신약의 위로란 개인적인 차원의 위로를 말합니다. 하나님의 사역과 관련하여 하나님의 사역은 위로하심입니다. 위로란 말은 헬라어로 '파라클레이시스'인데 '파라칼레오'라는 말에서 왔습니다. 이 말은 불러서 곁에 둔다는 뜻입니다. 불러서 곁에 두는 것이 위로입니다. 신약에 나오는 바나바라는 이름은 위로의 아들이라는 뜻입니다.

'위로하다comfort'는 말은 귀여워한다거나 버릇없게 기른다는 뜻이 아닙니다. 확신을 준다는 의미입니다. 그것은 주님께서 나와 함께하시며 내가 하는 일을 기뻐하신다는 확신입니다. 교회가 위로자가 되기 위하여 다음과 같은 위로의 확인이 있어야 합니다. 다시 한 번 확인하고 행복한교회가 신음하고 있는 사회와 국가의 위로자가 되기를 바랍니다.

1. 하나님이 백성의 위로자이십니다

고린도후서 1장 3절에 이렇게 말씀합니다.

하나님은 모든 위로의 아버지이십니다. 모든 위로란 무슨 말씀입니까? 그것은 모든 방법을 동원해 위로하신다는 말입니다. 하나님은 어떻게 하든지 위로하시려고 하시는 분이십니다. 여기에 우리가 위로자가 되는 근거가 있습니다.

 (고후 1:5)

그리스도는 하나님께서 우리에게 주시는 위로의 전달자이십니다. 하나님이 우리의 위로자이실 뿐만 아니라 그리스도가 우리의 위로자이십니다.

'성령님'은 '파라클레이토스'이십니다. 위로자이십니다. 대변인이십니다. 도우미이십니다. 성령님께서는 위로의 영이십니다. 시편 119편 50절은 "이 말씀은 나의 곤란 중에 위로라 주의 말씀이 나를 살리

셨음이니이다"고 합니다. 삼위 하나님께서 위로자이시며 그분의 말씀
이 위로입니다. 그러므로 우리가 그분의 말씀을 통하여 위로받습니다.

삼위일체 하나님은 백성의 위로자이십니다 고난과 아픔과 영육의
번민과 모든 고통을 위로하시는 분이 하나님이십니다. 하나님은 지금
도 고통당하는 백성을 보시며 가장 안타까워하십니다. 가장 아파하십
니다. 그래서 그들을 위로하시기를 원하십니다. 하나님이 우리의 위
로자가 되신 것을 감사드리며 우리 위로의 근거와 힘이 되신 것을 감
사드립니다.

2. 하나님의 교회는 백성의 위로자입니다
고린도후서 1장 6절에 이렇게 말씀합니다.

우리가 위로자가 되어야 합니다. 하나님은 위로자이십니다. 예수
님은 위로의 통로이십니다. 성령님은 위로의 영이십니다. 그러므로
하나님을 믿는 우리는 위로자가 되어야 합니다. 그분으로 말미암아
우리가 위로자가 됩니다.

빌립보서 2장 1절에는 우리의 일 가운데 하나가 위로라고 합니다.

위로는 그리스도인의 생활이어야 하고 그리스도인 생활의 내용입니다. 위로는 그리스도인의 필수과목입니다. 이사야 40장 1절에는 "너희는 위로하라 내 백성을 위로하라"고 합니다. 위로가 필수과목이며 하나님의 명령인 것을 다시 한 번 확인할 수 있습니다. 우리의 세상에 대한 위로는 신적 명령으로서 하는 일입니다. 사람들이 아파할 때 교회는 그들을 위로해야 합니다. 힘들어할 때 교회는 그들을 위로해야 합니다. 마음이 상할 때 교회는 그들을 위로해야 합니다. 희망을 상실할 때 교회는 그들을 위로해야 합니다. 세상이 위로받을 곳이 없어 방황할 때 교회는 그들에게 위로자가 되어야 합니다.

백성들이 깊은 절망감 속에 있습니다. 깜깜한 먹구름이 끼어 있습니다. 폭풍을 만나 고장 난 배처럼 표류하고 있습니다. 이 때 구름 사이의 한 별이 보입니다. 그 별이 위로가 됩니다. 방향 잡이가 됩니다. 희망을 안겨줍니다. 교회는 이런 존재가 되어야 합니다.

하나님은 "내 백성을 위로하라"고 하십니다. 하나님은 "내 백성"이라고 합니다. 우리가 위로해야 할 대상은 하나님의 백성입니다. 하나님의 백성이지 우리의 백성이 아닙니다. 하나님의 백성을 우리가 위로하라고 하십니다.

우리는 하나님의 백성을 위로할만한 특권을 가지고 있습니다. 하나님의 백성을 우리가 위로하기를 바랍니다.

성 프란시스의 기도문 가운데는 "위로받기 보다는 위로하며"라는 대목이 있습니다. 얼마나 대단한 위로자입니까. 우리도 위로받고 싶을 때가 많이 있지만 위로해야 합니다. 위로해야 합니다. 위로하면 위로를 받습니다.

하와이 몰로카이에서 나환자들을 위하여 사역하던 '다미안' 신부
는 나병에 걸려 세상을 떠납니다. 1936년 벨기에 정부의 요청으로 다
미안 신부의 시신은 그의 고향 땅에 옮겨졌습니다. 몇 년이 흐른 후에
몰로카이 사람들은 사랑하는 신부님의 일부라도 그들에게 되돌려 달
라는 요청을 벨기에 정부에 하였습니다. 그들은 다미안 신부의 오른
팔을 다시 얻게 되었습니다.

모든 이들이 그들을 배척할 때 그들을 어루만져주고 위로해주며
안아주었던 바로 그 손이었습니다. 위로자는 위로받습니다. 위로자는
백성의 존경을 받습니다. 위로할 때에 사랑을 받을 수 있습니다.

그리스도인의 손은 위로하는 손입니다. 그리스도인의 발은 위로하
는 발입니다. 그리스도인의 입은 위로하는 입입니다. 그리스도인의
마음은 위로하는 마음입니다. 우리가 있으므로 백성이 위로되게 해야
합니다. 우리도 위로받아야 하지만 위로함으로 위로받는 하나님의 위
로가 충만한 성도가 되기를 바랍니다. 한 해 내내 우리의 삶이 위로하
는 삶이 되기를 바랍니다. 한 해 내내 행복한교회가 위로하는 교회가
되기를 바랍니다.

여기 본문에 사용된 '위로'라는 의미는 헬라어의 본 의미는 "부름
받고 달려와 곁에 서 계시는 분"이라는 뜻으로서 '파라클레테paraclete'
이십니다.

그분이 바로 보혜사 성령이십니다. 다시 말해서 예수님은 그의 영
으로 고난 받는 우리 곁에 오셔서 그의 임재로 우리를 위로하시고 회

네번째 이야기, 회복하는 교회

복하시겠다는 것입니다. 그러므로 우리는 고통 중에도 5절의 약속처럼 "넘치는 주님의 위로와 회복과 기적을 경험"하게 되는 것입니다.

의사요 가정 사역자인 '제임스 답슨James Dobson'의 책에서 이런 이야기를 읽었습니다. 그가 일하던 병원에 다섯 살짜리 소년이 폐암으로 죽어가고 있었다고 합니다. 그 소년의 엄마는 늘 병상을 지키며 예수님 이야기를 들려주며 함께 기도했습니다. 어느 날 잠시 병상을 비운 사이 병원의 간호사는 "아이가 종소리가 들려요, 종소리가 들려요"라고 소리치는 것을 들었습니다.

얼마 후 돌아온 엄마는 병원 복도에서 간호사를 만나 아이가 좀 어떠냐고 묻자, 간호사는 "아이가 좀 환각 증세를 일으키고 있는 것 같습니다. 자꾸 종소리가 들린다고 하더군요"라고 말했습니다. 이때 엄마는 단호한 목소리로 "절대로 환각이 아닙니다. 제가 아이에게 네가 숨쉬기도 힘들고 너무 아프면 예수님께 도와 달라고 기도해라. 그러면 하늘에서 너를 위해 종이 울릴 것이고 예수님이 오셔서 도와주실 거야 라고 제가 말해주었어요"라는 말을 하면서 단숨에 병실로 달려가 아이를 끌어안고 기적의 치유를 주신 주님께 감사기도를 드린 후, 하늘에서 들리는 종소리에 대하여 그 종소리가 메아리가 될 때까지 아이와 이야기를 나누었다고 합니다.

저는 동일하신 주님께서 자녀를 위하여 기도하는 여러분의 자녀들을 위해 어김없이 위로와 치유의 회복의 종을 울리며 다가오시는 분이심을 믿습니다.

함께하는 공동체

함께하는 공동체로 존재하기 때문입니다.

"우리가 환난 받는 것도 너희가 위로와 구원을 받게 하려는 것이요 우리가 위로를 받는 것도 너희가 위로를 받게 하려는 것이니 이 위로가 너희 속에 역사하여 우리가 받는 것 같은 고난을 너희도 견디게 하느니라" (고후 1:6)

여기에서 가장 많이 나오는 단어가 무엇입니까? 고난과 위로라는 단어가 아니라 '우리'라는 단어입니다. 따라서 바울은 지금 단순히 자신의 개인의 고난을 고백하고 있는 것이 아닙니다. 우리의 고난에 대하여 고백하고 있는 것도 아닙니다. 바울은 우리 공동체의 위로와 회복에 대하여 고백하고 있는 것입니다.

기쁨을 함께 나누면 기쁨은 갑절이나 더해집니다. 고난을 함께 나누면 우리의 고난의 무게는 한결 가벼워질 것입니다. 이것이 바로 공동체의 축복인 것입니다.

오늘 우리가 사는 시대는 극도의 이기주의와 개인주의가 팽배하여 현대인들은 교회 생활을 해도 소속감이 없이 주일예배 중심으로만 신앙생활을 하려고 합니다. 그러나 이런 분들이 제일 당황하는 때가 언제인지 아십니까? 갑작스럽게 고난이 찾아올 때입니다.

왜냐하면 가족 중 초상이나 무거운 질병 혹은 어떤 사고를 만날 때 비로소 공동체를 떠난 그 소외와 고독을 확인해야 하기 때문입니다.

269

그러나 고난에서 당당하고 여유 있게 승리하는 이웃들을 보십시오. 그들은 대부분 교회 공동체에 깊이 헌신하며 나눔의 지체로 살아가시는 성도들입니다.

요즈음 전 세계적으로 읽히는 동화 하나를 소개하겠습니다.

호주의 자연주의 작가인 '나타니엘 레첸메이어Nathaniel Lachenmeyer'가 쓰고 '로버트 잉펜Robert Ingpen'이 그림을 그린 《부러진 부리》라는 이야기입니다.

공원 나무에서 살면서 빵 부스러기를 주어먹던 참새가 어느 날 부리가 부러졌습니다. 갑자기 찾아온 그의 불행을 아무도 동정해주지 않습니다. 그는 참새들의 세계에서도 왕따를 당하여 춥고 배고프고 외로운 존재가 되었습니다. 먹지 못하고 야위어 가고 씻지도 못한 그를 동료들은 더러운 새로 취급해버릴 뿐이었습니다.

그런데 뜻밖에 어느 날 그에게 손을 내밀어 빵을 먹이는 손길이 있었습니다. 집을 나와 떠돌아다니던 노숙자 아저씨였습니다. "너와 난 같은 처지인 모양이지?"라는 말과 함께 웃으며 그가 내미는 빵을 먹으며 오랜만에 참새는 행복을 느낍니다. 빵을 먹었기 때문이 아니라 사랑을 먹었기 때문입니다. 아저씨와 꼬마 참새는 그날 저녁 처음으로 자신들만의 집을 만듭니다.

아저씨는 공원의 벤치 위에서 무릎을 세우고 몸을 웅크립니다. 꼬마 참새는 아저씨의 덥수룩한 머리 위에 둥지를 틀었습니다. 아저씨가 꼬마 참새의 깃털을 쓸어주며 "안녕. 내일을 위하여 잘 자" 하고 속삭입니다. 꼬마 참새도 부드럽지만 힘차게 "짹" 하고 대답합니다.

그날 밤 아저씨는 가족들의 환영을 받으며 집으로 돌아오는 꿈을 꾸었습니다. 그리고 참새는 부러진 부리가 다시 반듯해지고 이웃들과 어울리는 꿈을 꾸었습니다. 가정이 치유되고 세상이 변화되는 꿈을 꾼 것입니다.

사랑하는 행복한교회 성도 여러분!

하나님은 지금도 고통당하는 백성을 보시며 가장 안타까워하십니다. 가장 아파하십니다. 그래서 그들을 위로하시기를 원하십니다. 하나님이 우리의 위로자가 되신 것을 감사드리며 우리의 위로의 근거와 힘이 되신 것을 감사드립니다.

집을 떠난 나그네의 피곤함 그대로 오시길 바랍니다. 부러진 부리의 피 흘림과 아픔을 갖고 그대로 오시길 바랍니다. 우리는 드디어 영혼의 공동체 안에서 인생의 새 집을 짓고 그 안에서 상처를 치유 받고 그토록 사모하던 변화를 경험하게 될 것입니다. 함께 새 역사의 내일을 춤추며 꿈꾸게 될 것입니다.

네번째 이야기, 회복하는 교회

행복한교회에 나의 언약궤를 회복하자

"금 향로와 사면을 금으로 싼 언약궤가 있고 그 안에 만나를 담은 금 항아리와 아론의 싹 난 지팡이와 언약의 돌판들이 있고" (히 9:4)

하나님의 언약궤는 하나님의 임재臨在와 동행同行을 의미합니다. 이스라엘 백성들이 애굽에서 나와서 이 언약궤를 앞세우고 행진할 때에 하나님은 언제나 저들과 함께하셨습니다. 그 언약궤의 발걸음대로 머물거나 서게 되었습니다.

그리고 언제나 그 언약궤를 중심으로 언약궤를 바라보며 장막을 치게 되었습니다. 이 언약궤에는 세 가지의 물건들이 담겨 있습니다.

먼저는 만나를 담은 금 항아리입니다. 다음은 아론의 싹 난 지팡이입니다. 그리고 모세가 시내 산에서 받은 십계명이 적힌 두개의 돌 판입니다.

이제 예수님이 오셔서 십자가에 달려 죽으심으로 성소의 휘장이 찢어져서 구약의 성전과 언약궤는 사라졌습니다.

그러나 지금도 영적인 성전이 교회가 되었습니다. 영적인 언약궤는 여전히 존재한다고 말할 수 있습니다. 왜냐하면 언약궤에 담긴 물건이 우리에게 영적 의미를 부여해주기 때문입니다.

그러므로 언약궤에 담긴 세 가지 물건의 영적 의미를 찾는 것이 바로 행복한교회의 언약궤, 나의 언약궤를 찾는 것이 될 것입니다. 이 시간 행복한교회의 영적 언약궤를 다시 찾아서 정리하고 손질하고 가꾸어서 완전한 회복을 이루는 복된 성도들이 되어야 합니다.

만나

언약궤에는 만나가 담겨져 있었습니다. 만나는 이스라엘 백성이 광야에서 40년간 아침마다 하나님이 내려주시는 양식이었습니다. 이것이 없으면 이스라엘의 40년 길은 죽음의 길이었을 것입니다. 이 만나는 매일 내렸습니다. 그리고 모든 이에게 알맞게 공급되었습니다.

그래서 이스라엘 백성은 이 만나로 어려운 40년의 광야 생활을 지나갈 수 있었습니다. 이 놀라운 하나님의 은혜와 축복을 영원히 기념하고 기억하시게 하셨습니다. 하나님은 언약궤에 만나를 담은 금항아리를 넣어서 보관하게 하셨습니다.

그러면 우리의 영적 만나는 무엇입니까? 하나님의 말씀입니다. 성경에 기록된 말씀입니다. 그리고 매 예배 시마다 강단으로부터 선포되어지는 설교 말씀이 바로 만나입니다. 하나님의 성전에서 흘러나오는 모든 생명의 말씀입니다.

이 만나가 행복한교회 성전에 있어서 내 몫의 만나를 공급받을 수 있어야 합니다. 우리는 영적으로 배부를 수 있습니다. 힘든 인생살이에서 힘을 얻을 수 있습니다. 세상을 이깁니다. 사탄을 이깁니다. 나를 이깁니다. 그 영적인 말씀으로 승리할 수 있습니다. 그러므로 우리는 이 만나를 먹을 수 있도록 말씀을 듣는 귀를 꼭 가지셔야 합니다. 만일 우리가 교회에 왔는데 우리의 영적 언약궤가 메말라서 먹을 것이 없다면 얼마나 속상하고 낙심되고 힘들겠습니까?

어린 시절에 집안이 참 가난해서 점심을 못 먹은 사람이 있었습니다. 슬픈 영화에 나오는 가난한 주인공처럼 남들이 점심 도시락을 먹을 때 그는 수돗가에 가서 물을 먹으며 점심시간이 지나가기를 기다렸습니다.

그리고 오후 서너 시가 되어서 집으로 돌아옵니다. 학교가 멀어서 걸어서 한 3킬로쯤 되는 먼 길을 돌아오면서 혹시 집에 가면 먹을 것이 있을지도 모른다는 기대로 돌아옵니다. 집에 도착하여 가방을 놓자마자 부엌으로 가서 먹을 것을 찾아봅니다. 그러나 점심도 못 싸준 가난한 집에 무슨 먹을 것이 남아 있겠습니까? 솥뚜껑이란 뚜껑은 다 열어보고 그릇마다 다 열어 보지만 아무것도 없습니다. 그때의 기가 막히고 속상한 심정을 지금 배부른 이 시대에 어떻게 설명하여 여러분을 이해시킬 수 있겠습니까?

여러분이 고달픈 한 주간의 삶을 살고 행복한교회에 왔을 때 영적 만나를 얻지 못한다면 얼마나 우리의 삶이 힘들고 영적으로 배고프고 고달프겠습니까? 따라서 우리들은 행복한교회를 만나가 풍족한 교회로 만들어야 하겠습니다.

먼저 목회자인 최명일 목사는 생명을 걸고 성도들이 맛있게 먹을 수 있는 만나를 만들겠습니다. 영성 깊은 기도로 무장하겠습니다. 성경을 묵상하여 하나님의 뜻과 마음을 알도록 하겠습니다. 그리고 그것을 최선을 다하여 성도들에게 전달하도록 하겠습니다.

그리고 설교자의 현재 상태가 어떠하든지 그것을 핑계 대어 소홀하지 않고 최선을 다하여 설교를 준비하고 폭발적인 열정으로 말씀을 선포하여야 합니다.

성도들은 영적으로 건강해야 합니다. 영의 만나인 하나님의 말씀을 들을 수 있는 귀를 달라고 기도해야 합니다. 건강한 귀를 가지고 만나를 사모해야 합니다. 성령의 충만한 도우심을 받아야 합니다. 육이 건강치 않으면 입맛이 떨어집니다.

마찬가지로 영이 건강치 않으면 말씀을 듣는 맛이 제일 먼저 떨어집니다. 그래서 설교를 듣고 은혜 받기는커녕 시험 듭니다. 불평합니다. 설교를 비판합니다. 그리고 예배 시간에 꾸벅꾸벅 졸기도 합니다.

그러므로 모든 성도들은 영적으로 건강하여 무슨 말씀을 주시든지 받고 아멘 하고, 배불리 먹고 강건하여 믿음이 쑥쑥 자라나야 합니다. 그래야 행복한교회에 나의 영적 언약궤가 있는 것입니다. 그래야 이 언약궤가 인도하는 대로 살아가게 되는 것입니다.

사랑하는 행복한교회 성도여러분!
이 시간 교회의 영적인 언약궤에 여러분의 몫으로 돌아갈 만나가 풍성하십니까? 그래서 교회에 올 때마다 이 만나를 먹고 배부르십니까? 그러면 행복한교회의 영적 언약궤를 회복하는 것이 될 것입니다. 우리 모두 영적 언약궤를 회복하여 하나님이 주시는 만나를 공급받고 강건하여 주님의 이름으로 승리하는 성도들이 되시기를 우리 주님의 이름으로 축원합니다.

아론의 싹 난 지팡이

언약궤에는 아론의 싹 난 지팡이가 담겨져 있었습니다. 이스라엘이 광야의 길을 가는 동안에 어려움이 찾아왔습니다. 고라라는 사람이 지도자 모세를 시기하여 족장 250명을 선동하여 반란을 일으켰습니다.

"그들이 모여서 모세와 아론을 거슬러 그들에게 이르되 너희의 분수가 지나도다 회중이 다 각각 거룩하고 여호와께서도 그들 중에 계시거늘 너희가 어찌하여 여호와의 총회 위에 스스로 높이느냐" (민 16:3)

어려움에 봉착한 모세가 회막 앞에 엎드려 기도하자 하나님은 모세와 그들을 회막으로 나아오게 하셨습니다. 그리고 지진과 향로의 불로 고라 일당을 모두 멸하셨습니다. 지도자급 250명이 갑자기 죽었습니다. 그의 가족과 친족들 중에서 백성들을 선동하여 원망과 불평이 일어나 민심이 흉흉했습니다. 그리고 진영에 전염병이 돌았습니다.

교회는 지금 공사 중

그래서 하나님은 모세에게 각 지파의 족장의 지팡이를 회막 안에 두라고 명하셨습니다. 그런데 다음날 살펴보니 다른 지팡이들은 그대로 있는데 제사장 아론의 지팡이만 움이 돋고 순이 나고 꽃이 피어 살구열매가 열렸습니다. 하나님은 그것을 언약궤에 넣어두고 영원히 기념하라고 하셨습니다.

그러면 아론의 지팡이를 이루신 하나님의 뜻이 무엇입니까? 제사장 아론을 중심으로 하여 순종하여 하나를 이루라는 하나님의 명령이었습니다. 이제 고라 같이 시기하고 질투하여 자신도 멸망하고 남도 괴롭게 하는 어리석은 일을 하지 말라는 것입니다. 제사장 아론의 지팡이에 꽃이 피게 하시므로 특별한 권세를 주었습니다. 그에게 순종하여 하나 되어 광야 길을 달려가라는 하나님의 뜻이었습니다. 온 이스라엘 백성들은 이 하나님의 뜻을 순종하므로 다시는 고라가 저지른 일이 나타나지 않게 되었습니다.

이제 행복한교회에 영적 언약궤에도 아론의 싹 난 지팡이를 찾아 회복하여야 합니다. 그러면 행복한교회의 제사장은 누구입니까? 바로 예수 그리스도입니다. 그분이 한 번 십자가에 자신을 드려 속죄제물이 되시므로 대제사장이 되셨습니다. 히브리서에 이것을 증거하고 있습니다.

"그리스도께서 장래 좋은 일의 대제사장으로 오사 손으로 짓지 아니한 곧 이 창조에 속하지 아니한 더 크고 온전한 장막으로 말미암아 염소와 송아지의 피로 아니 하고 오직 자기 피로 영원한 속죄를 이루사 단번에 그러므로 우리가 행복한교회에서 영적 언약궤를 회복하는 길은 대제사장이시며 영적 교회의 머리가 되시는 예수 그리스도를 중심으로 그 명령에 순종하고 온 성도들이 하나 되어야 하는 것입니다.

예수 그리스도를 바라보시고 그분의 뒤를 순종하며 따라가서서 행복한교회가 언제나 하나 되는 능력의 교회로 만드서서 영적 언약궤를 회복하시기를 바랍니다.

미국의 어느 대학교 수영 선생이 밤에 잠이 오지 않아서 새벽 2시에 다이빙을 하려고 수영장에 갔습니다. 다이빙을 하려는 순간에 앞 벽에 예수님의 십자가 모습이 나타났습니다.

그 순간 그는 교회학교 때 들은 하나님의 말씀이 갑자기 생각나서 다이빙하려던 것을 멈췄습니다. 청년이 되어 그는 교회를 떠나고 예수를 떠나 살고 있었는데, 이 신비한 예수님의 모습에서 어린 시절에 들었던 하나님의 말씀이 생각났습니다.

그래서 그 자리에 무릎을 꿇고 기도했습니다. 주님을 떠난 잘못된 삶을 회개했습니다. 그리고 방으로 들어왔습니다. 다음날 일어나 수영장에 가보니 풀에 모두 물이 빠지고 비어 있었습니다. 그래서 관리인에게 물었더니 어제 저녁에 청소를 하고 새 물을 갈려고 모든 물을 빼놓았다는 것입니다. 그 말을 듣는 순간 그는 아찔했습니다. 새벽 두 시 물이 없는 수영장에 자신이 다이빙을 시도했더라면 어떻게 되었을까를 생각하니 예수님이 자신을 살려주신 것을 깨닫게 되었습니다.

그는 그 이후로 신앙을 회복하고 오직 예수님만 바라보고 예수님의 뜻에 순종하며 사는 귀한 성도와 제자가 되었습니다.

사랑하는 행복한교회 성도 여러분!

이 시간 우리의 언약궤를 다시 바라봅시다! 그리고 하나님이 동행하시고 임재하시는 행복한교회와 우리의 영적 언약궤의 아론의 싹 난 지팡이를 다시 생각하십시다! 그리고 우리의 마음과 몸을 대제사장 되시는 예수 그리스도를 바라보고 따라가며 순종합시다.

그래서 언제나 행복한교회가 하나 되고 평화를 이루는 교회로 만들어 참 영적 언약궤가 언제나 존재하는 능력의 교회를 이루시기를 우리 주님의 이름으로 축원합니다.

십계명의 돌 판

언약궤에는 십계명의 돌 판이 담겨져 있었습니다. 모세가 시내산에 올라가서 하나님께로부터 십계명을 받았습니다. 십계명은 두 개의 돌판에 하나님이 새겨주셨습니다. 첫 돌판에는 1계명에서 4계명까지 기록되어 있습니다. 여기에는 대신계명對神誡命, 즉 하나님께 대한 성도의 사명이 기록되어져 있습니다. 둘째 판에는 5계명에서 10계명까지 기록되어져 있습니다. 여기에는 대인계명對人誡命, 즉 사람에게 대한 성도의 사명이 기록되어져 있습니다.

하나님이 이것을 우리에게 주신 것은 우리로 이것을 지켜 준행하라는 명령이 담겨 있는 것입니다. 명령 계시는 해도 좋고 안 해도 좋은 것이 아닙니다. 반드시 행해야 한다는 강제성이 담겨 있습니다.

따라서 우리는 하나님의 계명을 준행하여야 합니다. 즉, 우리가 하나님이 주신 계명을 잘 지켜야 합니다. 비록 지키지 못할 때가 있어도 회개하고 다시 지키려고 노력하는 마음과 자세가 있어야 합니다. 그럴 때 영적 언약궤는 회복되고 행복한교회에 여러분의 영적 언약궤가 존재하게 되는 것입니다.

나 이외에 다른 신들을 있게 말라고 하셨습니다. 우상을 만들고 섬기지 말라고 하셨습니다. 하나님의 이름을 망령되이 일컫지 말라고 하셨습니다. 주일을 기억하여 거룩하게 지키라고 하셨습니다.

이것들이 바로 하나님이 우리에게 주신 계명입니다. 성경에 기록된 하나님의 귀한 계명을 잘 지키기를 힘쓰는 복된 성도들이 되시기를 우리 주님의 이름으로 축원합니다.

옛날 한나라 때에 '송홍'이라는 사람이 있었습니다. 이 사람은 '대사공' 이라는 높은 벼슬을 하는 품위 있는 사람이었다고 합니다. 그런데 당시 황제의 누이 호양공주가 송홍을 짝사랑했습니다. 그녀는 일찍 결혼했는데 남편이 죽어 궁전에 들어와 살고 있었습니다.

이것을 안 황제가 송홍을 궁에 불러들여 자기 누이와 결혼할 것을 부탁했습니다. 또 공주와 결혼하면 부귀영화가 단번에 굴러 들어옵니다. 또한 황제의 명령이니 당시의 상황으로는 그대로 따르는 것이 관례입니다. 그런데 송홍은 황제의 부탁을 겸손하게 거절했습니다.

그 이유는 공부할 때 너무 가난하여 술지게미를 먹고 겨가 섞인 싸라기를 먹고 살면서 어렵게 공부하여 이런 벼슬길에 올랐는데, 그 어려운 시절에 함께 술지게미를 먹고 싸라기를 같이 먹으며 자신을 뒷바라지 해준 아내를 버릴 수 없다는 것이었습니다.

이런 아내를 훗날 조강지처라고 부르게 되었습니다. '조糟는 술지게미 조요, 강糠은 쌀겨 강'에서 나온 말입니다. 술지게미와 싸라기를 먹던 시절의 아내를 버릴 수 없다는 말입니다.

어려울 때 함께 해준 아내와의 약속도 이렇게 귀중하여 부귀영화가 굴러 들어오고 못 이기는 체 따라갈 수 있도록 황제의 명령까지 있었는데도 거절하고 지켰습니다. 그런데 우리가 하나님과의 약속, 하나님의 명령인 계명을 지키지 않는다면 어찌 하나님의 자녀이며 하나님을 믿는다고 이야기할 수 있겠습니까? 반드시 하나님의 계명을 지켜 우리의 영적 언약궤를 회복시켜야 될 줄로 믿습니다.

제2차 세계대전 때에 전쟁에 나가 싸우던 한 병사가 총을 맞고 군목의 품에 안겨 죽어가면서 이렇게 부탁했답니다.

"군목님! 우리 어머니에게 내가 기쁜 모습으로 당당하게 죽었다고 편지해주세요. 그리고 나를 가르친 교회학교 선생님께도 내가 죽을 때 천국을 믿으며 두려움 없이 그리스도인으로 죽었다고 전해주세요!"

병사의 임종을 지켜본 군목이 두 분에게 그대로 편지를 보냈습니다. 마침 새해에 편지를 받아본 교사는 한 달 전에 교사직을 사표 냈었습니다. 말씀을 가르쳐보아야 별 보람이 없는 것 같아서 핑계를 대고 교회학교 교사직을 그만둔 것입니다. 그런데 이 편지를 받고 교사는 다시 용기를 찾았습니다.

"내가 전한 말씀이 결코 헛된 것이 아니로구나." 그리고 하나님과의 약속을 저버린 자신을 부끄러워하며 사명을 되찾아 죽을 때까지 충성했다고 합니다.

이제 우리 모두 이 시간 우리의 언약궤를 다시 열어보십시오. 그리고 그 속의 언약의 돌비를 다시 한 번 바라보십시오. 그리고 그 언약의 돌비에 부끄럽지 않은 성도의 삶을 살기로 결단하십시오. 하나님께서 하라고 하시는 명령은 생명을 걸고 지키고, 하지 말라는 명령은 생명을 걸고 행하지 않아 악은 모양이라도 버리는 성도가 되시기 바랍니다.

사랑하는 행복한교회 성도 여러분!

이 시간 교회의 영적인 언약궤에 여러분의 몫으로 돌아갈 만나가 풍성하십니까? 그래서 교회에 올 때마다 이 만나를 먹고 배부르십니까? 그러면 행복한교회의 영적 언약궤를 회복하는 것이 될 것입니다. 우리 모두 영적 언약궤를 회복하여 하나님이 주시는 만나를 공급받고 강건하여 주님의 이름으로 승리하는 성도가 되어야 합니다.

그리고 이 시간 우리의 언약궤를 다시 바라보십시오! 그리고 하나님이 동행하시고 임재하시는 행복한교회와 우리의 영적 언약궤의 아론의 싹 난 지팡이를 다시 생각하십시오! 그리고 우리의 마음과 몸을 대제사장 되시는 예수 그리스도를 바라보고 따라가며 순종합시다.

그래서 언제나 행복한교회가 하나 되고 평화를 이루는 교회로 만들어 참 영적 언약궤가 언제나 존재하는 능력의 교회가 되어야 합니다.

이제 우리 모두 이 시간 우리의 언약궤를 다시 열어보십시오. 그리고 그 속의 언약의 돌비를 다시 한 번 바라보십시오. 그리고 그 언약의 돌비에 부끄럽지 않은 성도의 삶을 살기로 결단하십시오. 하나님께서 하라고 하시는 명령은 생명을 걸고 지키고, 하지 말라는 명령은 생명을 걸고 행하지 않아 악은 모양이라도 버리는 성도가 되시기 바랍니다.

하나님이 나의 영적 언약궤를 우리 행복한교회에 두셨습니다. 만나가 담긴 금 항아리에서 매일매일 영의 만나로 배부르시고 아론의 싹 난 지팡이를 바라보며 주님을 바라보고 하나 되는 성도가 되어야 합니다. 십계명의 돌비를 마음에 새기며 하나님의 명령대로 사는 참 회복의 역사를 이루시기를 우리 주님의 이름으로 축원합니다.